SOLUTION

DU

PROBLÈME SOCIAL

DÉFINITION

DE LA

LIBERTÉ ET DE L'ÉGALITÉ

PAR

JOSEPH PERROT

IMPUISSANCE DES GOUVERNEMENTS
MOUVEMENT PARALLÈLE DE RICHESSE ET DE MISÈRE
NÉCESSITÉ DE LA LIQUIDATION SOCIALE
LA LIBERTÉ EST TRANSACTIONNELLE — LES INTÉRÊTS SOLIDAIRES
LES SERVICES MUTUELS
LA LOI MORALE IMMANENTE EN L'HOMME

PARIS

LIBRAIRIE DE E. DENTU, ÉDITEUR

PALAIS-ROYAL, 15, 17, 19, GALERIE D'ORLÉANS

1885

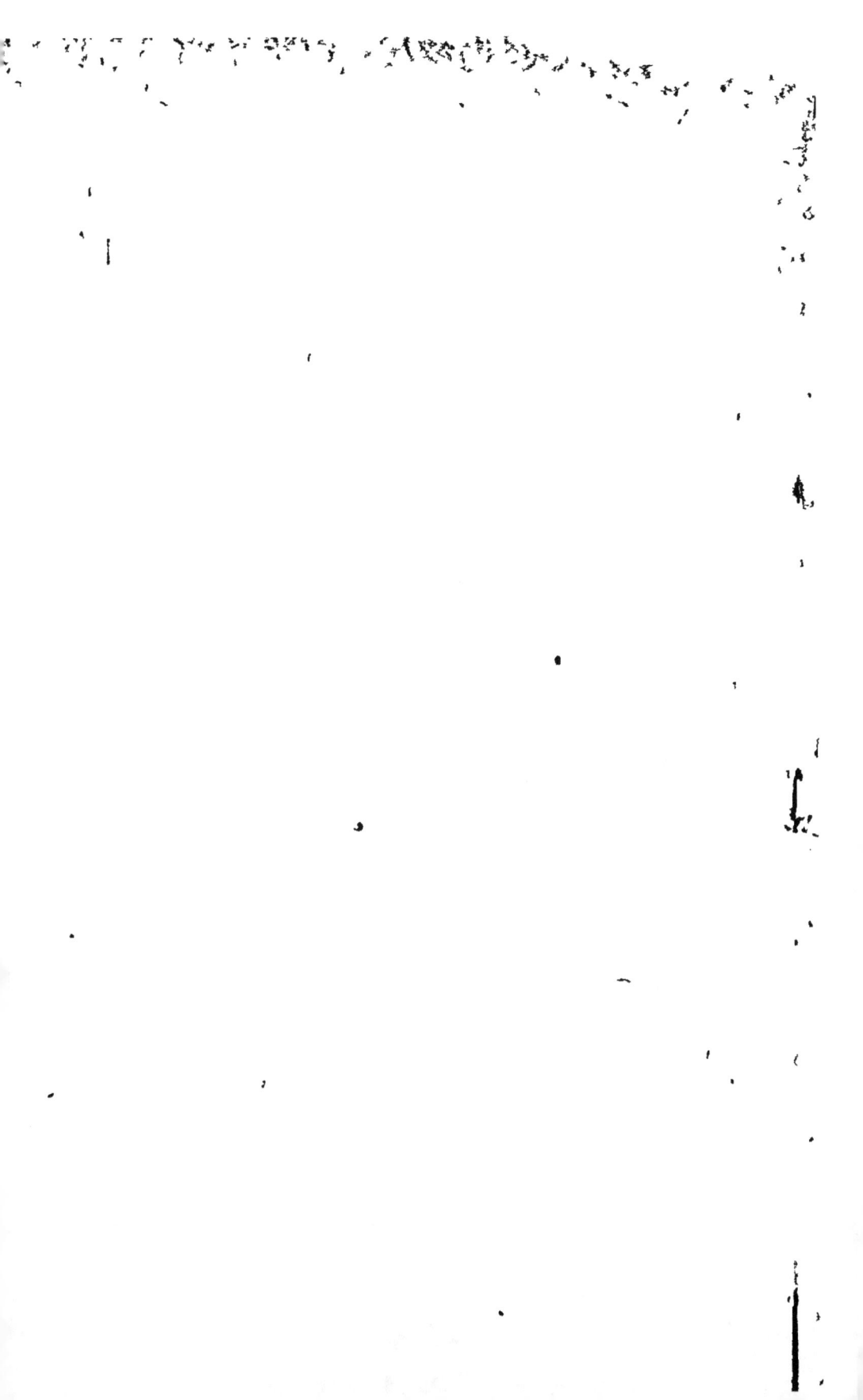

SOLUTION

DU

PROBLÈME SOCIAL

BAR-SUR-SEINE. — IMPRIMERIE SAILLARD.

NOTIONS DE SOCIOLOGIE & DE MORALE

SOLUTION

DU

PROBLÈME SOCIAL

DÉFINITION

DE LA

LIBERTÉ ET DE L'ÉGALITÉ

PAR

JOSEPH PERROT

IMPUISSANCE DES GOUVERNEMENTS
MOUVEMENT PARALLÈLE DE RICHESSE ET DE MISÈRE
NÉCESSITÉ DE LA LIQUIDATION SOCIALE
LA LIBERTÉ EST TRANSACTIONNELLE — LES INTÉRÊTS SOLIDAIRES
LES SERVICES MUTUELS
LA LOI MORALE IMMANENTE EN L'HOMME

PARIS

LIBRAIRIE DE E. DENTU, ÉDITEUR

PALAIS-ROYAL, 15, 17, 19, GALERIE D'ORLÉANS

1885

AVANT-PROPOS

Dans nos sociétés modernes, où tout travail se spécialise de plus en plus, on est porté à rire de celui qui fait plusieurs métiers. Tel est le cas où je me trouve aujourd'hui. Manœuvrant encore l'aiguille et le ciseau, j'ai pensé à confier mes idées au papier. Sans doute on pourra m'appliquer avec raison le proverbe : « Qui fait plusieurs métiers, ne fait souvent rien de bon. »

Quand toute tradition est usée et niée, quand l'individu est sans cohésion avec l'individu, il se produit autant d'idées que d'intérêts qui semblent se contredire. Cependant, pour l'observateur attentif, il ressort un fait, c'est que la société moderne tend à se reconstituer sur un principe de transactions et de circulation qui rend solidaire toute industrie, comme tout intérêt, contrairement

1

à ce qui se passait dans l'ancien temps, où l'indépendance des fortunes était complète, et où le chacun chez soi pouvait avoir sa raison d'être.

Il n'en est plus ainsi aujourd'hui. Ce qui faisait
la sécurité des grands bénéficiaires, devient suspect
et est mis en question par le travail même.

Disciple dé Proudhon, pourquoi moi, simple travailleur, m'inspirant de son génie, n'essaierais-je
pas de rappeler ce qu'il entrevoyait dès 1849, à
savoir que l'ordre nouveau dans la société ne pouvait plus désormais reposer sur le privilège, mais
sur la solidarité de tous les intérêts.

JOSEPH PERROT.

Vendeuvre-sur-Barse (Aube), le 15 février 1885.

CHAPITRE Iᵉʳ

LE POUVOIR PERSONNEL

Le politicisme[1], les gouvernements avancés et ceux qui veulent avancer.

Si nous y regardons de près, nous voyons qu'il n'y a en France qu'un seul parti ; c'est le politicisme, lequel ayant plusieurs nuances, se divise en deux fractions principales, dont l'une prend le titre de démocratie républicaine, et l'autre, celui de démocratie conservatrice, laquelle ne regarde pas à la forme du gouvernement. N'avions-nous pas la démocratie impériale, comme nous avons eu le roi citoyen ? Il y a aussi quelque part la démocratie religieuse.

Aujourd'hui la démocratie républicaine s'est établie dans le gouvernement, elle a avancé pour son profit. Mais la démocratie conservatrice tend à se substituer à l'autre parti, dans le gouvernement. Elle veut aussi avancer.

Ces deux fractions formées par la bourgeoisie, ont entre elles, quoi qu'on en dise, une ressemblance parfaite. C'est que quand elles sont au pouvoir, elles sont conservatrices du gouvernement et du *statu quo*. Le

[1] Politicisme (néologisme), signifie faire de la politique pour la politique.

peuple a bien le sentiment de cette identité, quand il dit que ce soit Pierre ou Paul qui gouverne, notre situation est toujours la même ; aussi se désintéresse-t-il de la politique, et il a raison ; car en l'absence de toute idée, la souveraineté du peuple, comme celle du prince, aboutit à une mystification.

Après 1830, la bourgeoisie ayant pris pour maxime économique : « Chacun pour soi, chacun chez soi ; enrichissez-vous », le résultat fut les troubles et les émeutes qui ont abouti à 1848. Depuis ce temps nous avons changé souvent le nom de nos gouvernements, et combien de ministères ? On appelle cela, gouvernements à bascule. Admirable pratique pour les intrigants. Sous ce régime, le peuple, toujours spirituel, a trouvé un mot qui caractérise bien la situation, « c'est que plus ça change et plus c'est la même chose ». Voilà bien l'immobilisme gouvernemental défini en deux mots.

Que la démocratie sentimentale entonne ses litanies sur le progrès, sur l'éducation civique ; qu'elle élève des autels à la patrie ; si elle n'a rien à mettre sur celui du travail, il l'abandonne.

La démocratie réactionnaire.

Nous ne pouvons sortir de l'immobilisme où nous sommes qu'en revenant aux principes de la science économique, que la bourgeoisie a séparée de la politique.

Voltaire a dit : « La politique est l'art de faire régner la justice dans la société ; elle consiste à enchaîner au bien tous les intérêts de la nation. »

Reportons-nous au temps d'Henri IV, où la politique repose sur des principes et a pour mobile la liberté de conscience ; la négation de la monarchie universelle ; l'indépendance des nationalités ; la chute des grands vassaux. On voit, passant par Richelieu, jusqu'à Mazarin, la politique appliquée à l'émergence de ces idées.

A la place de l'ancienne organisation autoritaire de l'économie féodale, la Révolution ne sut mettre que la liberté économique. Mais la liberté pure, comme nous le démontrerons plus loin, c'est l'anarchie. C'est ce sentiment qui inspirait Royer-Collard, dès 1821, quand il reprochait à la charte d'avoir organisé le gouvernement et laissé la société en poussière. C'est aussi cette idée qui faisait dire à Napoléon III, dans une proclamation : « Le vieux monde est à bout, le nouveau n'est pas encore assis », etc.

Quand tout paraît se transformer autour de nous et nous emporter vers l'inconnu, nous entendons le grand chef de la démocratie, M. Gambetta, nier fièrement la question sociale. A sa mort, nous voyons des savants, des hommes de lettres, des démocrates, courbés devant son nom comme le sauvage devant son fétiche ; et comme d'un glas funèbre, crier : « Les principes ne sont rien, le pouvoir personnel est de nécessité sociale. »

« Une première notion à établir, dit le journal de « M. Gambetta, c'est qu'il n'y a et qu'il ne peut y « avoir que des pouvoirs personnels. Ceux qui disent « que les principes suffisent, et que les hommes ne « sont rien, sont des incapacités dont il faut se méfier

« pour ne prendre au contraire que ceux qui reconnais-
« sent les difficultés du gouvernement, et se déclarent
« prêts à en assumer la responsabilité ». *La Petite République française*, journal du 10 janvier 1883.

Une politique sans principes, ô démocrates, mais c'est le nihilisme. Mais je me trompe, c'est l'opportunisme, nom dont le tribun de Belleville est le parrain, et qui est pour lui comme une véritable citadelle conservatrice ; et ceux qui auraient tenté d'en escalader les murailles, seraient, comme il l'a dit, « traqués jusque dans leurs repaires ». L'éclectisme vulgairement appelé l'opportunisme est impuissant. Finalement c'est Alexandre qui, ne pouvant délier le nœud gordien, le tranche avec son sabre.

Le positivisme dont M. Gambetta était partisan, a pour fondateur Auguste Comte « qui trop dédaigneux de la métaphysique » avec son athéisme, et rejetant l'absolu divin, n'a su reconnaître que l'absolu. L'auteur de tous les absolus, passé, présent et à venir, est l'homme même. Et dans la conception *de son grand être humanitaire*, il a recréé l'absolu collectif, où l'État est tout, et dans lequel la liberté individuelle, ce PETIT ABSOLU, ne compte plus de rien. La conséquence pratique du positivisme est l'éclectisme ou l'opportunisme, c'est-à-dire l'absence même de tout principe économique, et finalement le despotisme.

Le voici ce cercle vicieux et cette contradiction sans fin où viennent se fourvoyer les meilleurs caractères de la démocratie, et servir de satellites aux intrigants, qui toujours les fascinent par leur faconde, mais qui, eux, ne sont pas dupes de ces tristes évolutions.

Arrière, faux démocrates, fanatiques courtisans du pouvoir et de l'opulence; la liberté que vous avez longtemps acclamée, pour asseoir votre vaniteux despotisme, va venir, mais cette fois, accompagnée de la mutualité; et unissant ce que vous voulez encore séparer, vous forcera de cacher vos visages démasqués et ridicules.

Les gouvernements actuels, n'ayant d'idée que celle de leur conservation, se trouvant dominés par les intérêts établis, sont donc impuissants. Le juste milieu ou l'opportunisme est usé jusqu'à la corde. Va-t-on retourner au despotisme, où l'État absorberait toute liberté, toute individualité, expropriant les industries, pour les exploiter au profit de tous? En un mot, l'État va-t-il se substituer au patronat dans l'industrie et au propriétaire dans la culture? L'exploitation de l'industrie par l'État, sans concurrence, serait le signe de l'immobilisme et de la médiocrité générale. Sans compter que le travailleur, enrégimenté, serait moins libre que sous le patronat. — On en sait quelque chose dans les grandes administrations. — L'embrigadement du travailleur est comme la communauté, que personne ne veut plus. Être embrigadé, c'est être humilié, bafoué par l'arrogance ou privilégié par la largesse de contrôleurs, intendants pédants qui, à leur tour, courberont l'échine devant leur chef hiérarchique.

Le scrutin de liste.

Avant de parler du scrutin de liste, demandons-nous donc pourquoi plus d'un tiers des électeurs s'abstien-

nent de voter ; non pour les élections municipales,
mais pour les élections politiques ? C'est par indifférence
du bien public, s'écrient ceux qui ne sont pas encore
désillusionnés. Il faudrait obliger ou frapper d'amende
ceux qui méconnaissent ainsi leurs droits civiques.

L'idée très respectable du scrutin de liste est, chez
les honnêtes gens, que par ce mode de vote, le député
sera plus libre de représenter l'intérêt général, qui doit
primer l'intérêt particulier, ou, comme on dit, l'intérêt
de clocher.

Mais n'oublions pas que les intérêts sont multiples
et opposés les uns aux autres (comme nous le ferons
voir). Nous demandons donc qu'est-ce que l'on entend
par l'intérêt général ? Et que pourra faire le député du
département, de mieux que le député de l'arrondissement, quand l'antagonisme des intérêts est partout ?
Hé bien ! ceux que nous traitons d'indifférents au bien
public, nous répondent éloquemment par leurs absten-
tions. Ils ne feront rien. Et ils s'éloignent des urnes
électorales.

Les habiles, les fins politiciens espèrent que par ce
moyen, le député du département se rapprochera plus
facilement du gouvernement et lui donnera plus de
force. Mais le pouvoir, comme nous l'avons dit, ne
peut exister que par le *statu quo*, qui est l'intérêt établi ; lequel n'est lui-même que l'intérêt particulier.
Nous serons donc toujours comme les locomotives de
feu le baron de Dupin, condamnés à tourner sur place
sans démarrer jamais !

La réforme de l'ordre judiciaire, l'organisation du
crédit, des transports, la circulation monétaire, la dis-

cipline du monopole, le salariat, le paupérisme, etc., voilà les questions à l'ordre du jour. Et pour les résoudre, vous nous proposez le scrutin de liste. Vous ressemblez à ces fanatiques, qui, chargés d'amulettes, et à l'aide de quelques symboles, croient pouvoir conjurer l'adversité et se préserver de tous les maux.

Puisque la démocratie ne peut reconnaître le cercle vicieux où elle tourne, que le sentimentalisme républicain lui tient lieu de principes, et l'entretient dans son immobilisme, il n'y a aucun danger pour elle d'opérer une diversion, en changeant le mode actuel du vote. Appliquerait-elle, comme E. Girardin le demandait, l'unité de liste pour toute la France, que ce serait toujours la même chose. Qui le sait? peut-être en sortira-t-il quelque chose. La Révolution s'avance à pas comptés; ne pourrait-elle pas, par ce moyen, faire encore parmi nous sa fantastique apparition? Mais nous, ne séparant pas la politique de l'économie, nous pensons que le scrutin régional serait préférable. Voici nos raisons.

Le scrutin d'arrondissement, s'écrie-t-on, tient sous sa dépendance le député, et l'asservit à défendre l'intérêt de clocher. Si les députés étaient nommés par le département, cela répondrait bien mieux à l'intérêt général; vous verriez se grouper autour du gouvernement une majorité homogène, stable. Le char de l'État, qu'on dit enrayé, marcherait sans intermittence, et tous les progrès se pourraient réaliser sans secousse.

Mais, répliquent les partisans du scrutin d'arrondissement, l'intérêt de clocher, c'est l'intérêt de l'arrondissement, du canton et de la commune, et cet intérêt est, soit vinicole, agricole, métallurgique, etc.

S'il est nécessaire pour les débouchés, d'ouvrir une route, un canal, un chemin de fer, de faire un emprunt, etc., le député de l'arrondissement est bien plus à même de donner son avis, d'employer son influence au corps législatif pour servir le juste intérêt de sa région, que le député du département, lequel peut être avocat ou homme de lettre, etc., mais étranger à la question que soulèvent les intérêts de la localité.

Vous parlez de l'asservissement du député, mais il ne le serait pas moins dans votre système de concentration électorale, où tous les intérêts précités viendront demander, réclamer, protester, etc. Et comme il tient son mandat de l'électeur, il répondra : « Vous avez peut-être raison, on examinera cela à la Chambre, je vous promets de m'en occuper. » Et finalement les intérêts régionaux seront traités de loin sous l'influence de quelques gros bonnets du département.

Il y avait dans la France d'AVANT Louis XIV, une France corporative, municipale, provinciale, qui par ses cahiers, ses parlements, savait résister au despotisme. Cette France était admise dans ses trois ordres à représenter ses intérêts, chacun rédigeait ses cahiers, formulait ses doléances. Les élections étaient donc la représentation des idées et des intérêts. La noblesse nommait des nobles, le clergé des prêtres, le tiers-état des roturiers ; tous disposés à discuter et défendre leurs droits respectifs, et des débats, il pouvait en ressortir l'idée de l'intérêt général.

Il y parut, lorsqu'en 89, après une longue absence, les états furent rappelés, afin d'aider le pouvoir chancelant et ébranlé par de monstrueux abus.

On oublie 89. — 93 a ramené dans le gouvernement l'esprit de concentration de Louis XIV, continué par Robespierre, Napoléon et *tutti quanti*. Le grand roi, en disant : « L'État, c'est moi », étouffait par la centralisation la vie locale. Une nation dont la vie locale est éteinte, est comme un corps dont la force des différents organes aurait été absorbée par un seul; s'il pensait encore, assurément il ne marcherait plus.

Aujourd'hui le député du suffrage universel est comme ce bloc enfariné dont parle la fable, il ne dit rien de bon; car il représente tout à la fois, l'intérêt du monopole, de l'usure, des grands bénéficiaires, du clergé, de la bancocratie, de tous privilèges, et ceux qui consomment sans produire. Mais l'immense majorité, celle des souffre-douleurs de la misère légale, sont-ils donc représentés? Non.

Le progrès que nous appelons sans cesse ne peut se réaliser que par l'organisation des forces économiques, et non par la compétition d'individualités politiques, qui, en créant dans le gouvernement le système à bascule, sont devenus de véritables acrobates. Qui nous délivrera aussi du parlementage stérile et des majorités éphémères. Pascal a dit : « Des moines ne sont pas des raisons. »

Je crois pouvoir rapporter ici, une partie d'une lettre toute de fantaisie, que j'écrivais à un ami, sous forme de dialogue, lors du discours de M. Gambetta sur le scrutin de liste, et intitulée : *Le prince de Galles chez Gambetta.*

Gambetta. — Altesse, je suis très honoré de votre visite, soyez le bienvenu.

Le prince de Galles. — Citoyen, merci de votre cordial accueil, je suis heureux de notre mutuelle sympathie ; je me félicite aussi de la conformité économique de nos idées; l'alliance anglo-française que nous désirons, rencontre en vous le plus zélé défenseur.

Gambetta. — Prince, ce n'est pas de cela que je vais vous entretenir aujourd'hui ; mais du discours que je viens de prononcer en faveur du scrutin de liste.

Le prince de Galles. — Ah ! oui, très bien ; la sagesse de ce discours fera voir à votre pays, que par le scrutin de liste, vous pensez prévenir cette confusion politique dont nous avons souvent parlé. Il aura pour effet, en détruisant l'influence mesquine des intérêts régionaux, de représenter beaucoup mieux l'intérêt général.

Gambetta. — Altesse, pour en arriver là, il faut louvoyer. Le scrutin de liste doit avoir pour but de restaurer la candidature officielle, mais pas aussi benoîtement que l'a fait Mac-Mahon. Il faut la chauffer à plusieurs atmosphères !

Le prince de Galles. — Comment cela?

Gambetta, s'animant. — Le scrutin d'arrondissement, parce qu'il est une minime fraction, est plus accessible que le scrutin de liste à la routine locale, et surtout à l'indépendance politique. Sous Napoléon, l'idée impériale toute puissante ressortait, quel que fût le mode de vote. Il n'en est plus ainsi aujourd'hui. Si le 16 mai avait eu le scrutin de liste en main, il eût pu triompher, et être maître de la situation. Voici comment : Quand au chef-lieu du département les comités de direction sont formés...

Le prince de Galles, interrompant.—Vous ne comptez pas avec les comités d'arrondissement et de canton.

Gambetta. — Que pourront-ils? Leurs rivalités finiront par détacher d'eux les électeurs, qui voteront avec les comités du département.

Le prince de Galles. — Parfaitement.

Gambetta. — Je disais donc : Quand les comités de direction seront formés au chef-lieu, il sera facile de connaître l'esprit politique de chaque comité, et de savoir ceux qui représentent l'esprit de la majorité du département. Le mandat impératif écarté par la loi, n'engage pas le député. Donc, les candidats officiels pourront ne le paraître pas; car si l'opinion est radicale, ils se feront radicaux, intransigeants, anarchistes même; ils sauront se faire à toutes les nuances; et surtout, de celle des comités qui paraîtront être l'esprit du département. Les électeurs alors bêleront leur veto, et le tour sera joué.

Altesse, le scrutin de liste est comme un petit plébiscite, qui donne carte blanche à l'élu; lequel, secrètement attaché au gouvernement, formera une majorité homogène et un pouvoir fort.

Le prince de Galles. — Vous me donnez là une leçon de fine politique. Si, devenu roi d'Angleterre, le malheur voulait que le suffrage universel changeât l'axe de notre politique et de nos intérêts, je ne saurais mieux faire que de vous imiter, afin de le discipliner et de le contenir.

Gambetta. — L'économie politique est contradictoire; mais les principes qu'on prétend nous donner pour la réformer le sont encore davantage ; ils ne peuvent donc pas être l'objectif d'un gouvernement sérieux. Voilà pourquoi j'ai nié la question sociale. La séparation du pouvoir et des intérêts est nécessaire, fatale. Le rôle du gouvernement étant seulement de les contenir, le pouvoir personnel en est la conséquence.

Le prince de Galles. — Oui, mais le suffrage universel, dans sa mobilité, renverse souvent les plus ingénieuses combinaisons. Le pouvoir est souvent éphémère.

Gambetta. — Le suffrage universel nous donne l'idée de la souveraineté du peuple, mais cette souveraineté ne saurait rien définir ; c'est donc une fiction, sur quoi, je le reconnais, repose l'axe gouvernemental, l'autorité n'ayant d'autre but que de protéger les intérêts établis, lesquels ; se groupant autour du pouvoir, lui donneront la force de discipliner par les lois, soit la presse, soit les réunions publiques, qui, cessant d'être scandaleuses, ramèneront la tranquillité. Et le pouvoir en se consolidant, revêtira le caractère de PERSONNALITÉ et de DURÉE.

Le prince de Galles. — Les institutions politiques de mon pays sont bien plus arriérées qu'en France ; mais, au point de vue économique, nos lois deviennent libérales, en s'inspirant d'un esprit de solidarité qui relie tous nos intérêts. De ce côté, vous avez reconnu avec moi la supériorité des institutions anglaises.

Au Lecteur!

Avant de développer les ressorts de l'organisme social renfermé dans les lois économiques, je viens, ami lecteur, solliciter votre attention, et vous demander une chose : C'est, pour un instant seulement, le sacrifice de vos idées, afin que rendu à vous-même, vous soyez plus libre pour formuler votre jugement. Vous devez aussi, quelle que soit la justesse de vos objections, faire abandon de la subtilité de votre esprit, et douter de vous-même. C'est la méthode des penseurs. En vous réduisant à l'état de simple intelligence, cela vous permettra de voir ce qu'autrement vous n'apercevriez pas; car les secrets de l'organisme social, sont lettre close pour l'homme dont les passions, l'intérêt et les préjugés offusquent le cerveau.

Je réclamerai aussi de vous, non l'indulgence pour mon insuffisance, mais la patience, si nécessaire à la lecture de ces sortes d'ouvrages. Mais il m'est avis que si vous allez jusqu'à la conclusion, vous ne tarderez pas à recommencer l'étude de ce travail, afin d'en unir les différentes parties dans votre esprit.

Ceux qui, prenant ce livre, n'auraient pas su mettre de côté les idées de la routine économique qui domine encore aujourd'hui, et n'auraient à leur service que la vieille logique du syllogisme, peuvent le fermer et le jeter au panier. Mais nous sommes des hommes de bonne volonté; l'expérience nous a déjà servi, et ici elle nous servira à étudier séparément chaque proposition afin de les comparer entre elles, et, avec la notion de justice, d'en tirer une conclusion supérieure.

Erroné ou non, avec l'esprit de généralisation, ce travail sera utile; car il ne s'agit pour moi, ni d'approbation ni de blâme, mais de réfutation. Quand tout se meut et se transforme autour de nous, attendrons-nous pour marcher, que la Révolution nous emporte?

CHAPITRE II

ÉCONOMIE SOCIALE

Idées économico-politiques.

Les idées simples, affectives ou spontanées sont les premières; les idées réflectives ou de réflexion sont les secondes. Au point de vue politique, par l'idée spontanée, se forme dans la tribu le gouvernement patriarcal, basé sur le sentiment affectif de paternité. De l'agglomération des tribus, s'est formée l'idée de momarque ou père du peuple, seconde évolution de l'idée affective. Toutes les grandes monarchies, les théocraties, sont fondées sur cet idéal.

Au point de vue économique, la même manifestation s'opère. Le sentiment de conservation personnelle, justement formé par l'intelligence et l'égoïsme, a obligé l'homme à dominer la nature sous peine d'être dominé par elle. De là, l'idée simple, affective, spontanée, universelle, du monopole et du privilège, dont la première manifestation est la formation du droit de propriété.

La spontanéité devenant conservatrice et autoritaire, menaçait d'immobiliser la société en formation. Ce cercle fut bientôt franchi par la liberté. De là naissent ou se forment les idées réflectives, conduites par

la raison, à l'expérience. Et la voie du progrès est
ouverte pour l'humanité.

De l'économie politique.

L'économie politique, dont on parle tant aujour-
d'hui, est le recueil d'observations faites sur la production et la distribution de la richesse. Ces connaissances sont pour ainsi dire prises sur les manifestations
les plus spontanées, les plus naïves de la société, ayant
un caractère de nécessité qui les a fait nommer lois.
Elles sont par essence contradictoires; l'application
en devient souvent impossible; ce qui rend stationnaire le progrès.

Les lois économiques s'appliquent à toutes les branches de la production, elles intéressent la masse de la
nation, et chaque travailleur en particulier. Par leur
développement, elles ont contribué à la production de
la richesse, mais produit en sens inverse un *mouvement* rétrograde d'oppression et de misère. C'est ce
que Proudhon a démontré avec autorité, dans son système des contradictions économiques.

Ces lois sont : le libre-échange, la valeur, la division du travail, le crédit, la propriété, le monopole,
la concurrence, etc.

En résumant brièvement dans ce chapitre ce que
Proudhon a démontré, on comprendra la nécessité
qu'il y a pour la société, de sortir de l'antagonisme
que cet état de chose produit. On sentira l'impossibilité d'appliquer en économie sociale, le juste milieu
sans s'exposer encore à de nouveaux cataclysmes. En

réfléchissant sur ce qui se passe aujourd'hui en Europe, on peut, sans être prophète, annoncer que tout se prépare pour une immense transformation.

Dans le chapitre suivant, nous essaierons d'appliquer l'esprit de synthèse, que nous a suggéré la lecture de plus de trente volumes d'économie; lesquels se contredisent les uns les autres, rompant ainsi le fil qui devait nous aider à sortir du labyrinthe. Ce fil, je crois l'avoir saisi : c'est l'idée de la justice et du droit. A vous, lecteur, de juger si j'ai su en nouer solidement les fragments.

I — NOTIONS DE LA VALEUR

L'offre et la demande.

De toutes les lois économiques, la valeur est la plus importante. C'est en elle que la violation de la justice est le plus sensible, et aussi le plus difficile à résoudre.

La valeur des produits présente au point de vue de l'échange deux faces : la valeur utile et la valeur d'opinion ou d'échange. De là, se forme l'offre et la demande, qui a pour but de mettre les deux faces de valeur en présence, et de provoquer une conciliation.

Mais par l'antagonisme que crée la loi de l'offre et de la demande, le prix des choses peut s'exagérer ou s'annuler, ruiner l'un, et enrichir l'autre; la tendance inavouée étant d'acheter 3 ce qui vaut 6, et de vendre 6 ce qui vaut 3.

La routine de l'économie politique prétend que le prix des choses sera toujours établi par l'arbitraire, et qu'il est indéterminable par tout autre moyen que l'offre et la demande, la concurrence, etc.

Y a-t-il un étalon de valeur pour l'estimation du travail et des produits? Quel doit être le prix qui soldera la journée du travailleur? A ces questions personne ne répond clairement. Voyons comme le sens commun va s'y prendre pour résoudre le problème, bien qu'il ne le définisse pas.

Approximation de la valeur et le prix de revient.

La valeur du travail, dans tous les travaux et chantiers, est calculée sur la production moyenne d'un certain nombre d'ouvriers. Sur 50 travailleurs dans un chantier de terrassement, 25 extrairont dans un jour 4 mètres de terre; 12 en extrairont 6, et le reste en extraira 3 mètres. Si le prix de la journée d'un terrassier de force moyenne est évalué 4 francs, le prix de l'extraction d'un mètre cube reviendra à 1 franc. Il y aura des terrassiers dans ce chantier, qui gagneront 6 francs, d'autres 4 et 3 francs par jour. Cette répartition est de toute justice, car celui qui gagne 6 francs dépense plus de force que celui qui ne gagne que 3 francs; et la consommation sera plus forte pour le premier que pour le dernier.

Dans la pratique sociale, le prix moyen de la journée d'un artisan s'établit d'après les frais d'installation, et sur ce qui est nécessaire pour l'entretien d'un ménage composé de quatre personnes.

Qu'est-ce donc qui forme le nécessaire pour l'entretien de la vie? Ce qui le forme, ou ce qui peut le donner, c'est ce qui a été produit par la masse des travailleurs, soit, comme nous le verrons plus loin, des 14 milliards de la production annuelle du pays.

Mais cette production est grevée de frais réels, frais d'apprentissage, d'instruction primaire, secondaire, que chacun paye. Un médecin qui a dépensé 20,000 francs pour son instruction, et qui commence à produire à 30 ans, s'il travaille jusqu'à 60, doit gagner en plus de la journée moyenne de l'ouvrier, les frais qu'il a faits pour son instruction; et il peut arriver que par la concurrence que le médecin soutient contre ses confrères, à la fin de sa carrière, il se trouve sur le pied de parfaite égalité avec le journalier à 4 francs.

Il y a donc, dans la pratique de la société, tendance marquée, non à la fixité, mais à l'approximation de la valeur du travail ou du produit; et l'offre et la demande doit perdre de plus en plus de son caractère arbitraire, sans cependant pouvoir nous soustraire à cette loi.

Il y a chez l'homme une loi de conservation individuelle, nécessaire, essentielle : c'est l'égoïsme. Au point du vue des rapports d'homme à homme, si cette loi prend toute l'extension que par la raison il est capable de lui donner, il y a aussitôt contradiction dans ces mêmes rapports. Égoïsme contre égoisme, c'est la guerre. Mais l'homme, par sa conscience, distingue le bien du mal, d'où naît la liberté, laquelle le fait transiger et pondérer son égoïsme. De cette transaction naît une association d'intérêts collectifs qui donne à l'homme une sécurité mille fois plus puissante que ne lui donnerait le plus fort égoïsme; de là naît la nécessité de vivre en société. C'est aussi ce qui contribuera à développer chez l'homme l'idée de justice, que dans la pratique nous appelerons transactionnelle, ou mutualité.

Du prix de revient.

Toutes les lois économiques contribuent au développement de la richesse; la science sociale a pour but, à l'aide du droit de chacun, de les purger de l'égoïsme individuel qui tend constamment à s'y introduire, et menace par ses perturbations de désagréger le lien social. On voit ici qu'il ne s'agit pas d'égaliser brutalement les conditions, car la véritable égalité n'est qu'une question de comptabilité; à chacun ce qui lui revient, et ce qui revient à chacun, c'est la rémunération du temps, des frais, fournitures, avances, responsabilité, etc., qui a servi à créer un produit. C'est ce que l'on appelle dans la pratique le prix de revient.

Toutes ces notions sont mises tacitement en pratique dans la société, tout travail tend à se soumettre à cette loi. Il y a prix de revient pour un mètre de maçonnerie, de charpente, de peinture, et pour tous produits. C'est sur le prix de revient qu'est basé le devis d'une construction et de toute exploitation. La vente à prix de revient ou prix fixe, voilà le bon marché.

Il y a un proverbe italien qui dit : « Si on achetait l'homme pour ce qu'il vaut, on ne le paierait pas cher; et si on le vendait pour l'estime qu'il a de lui, on n'aurait jamais assez d'argent pour le payer. » Hé bien! ce qui peut ramener l'homme à sa juste valeur, au point de vue du travail ou du produit, c'est le prin-cipe de la mutualité.

II — LE LIBRE ECHANGE

Nécessité du libre échange.

Le libre échange ou libre commerce entre les na-tions est nécessaire au bien-être de tous, par la va-riété des produits qu'il nous procure. A l'origine des sociétés comme aujourd'hui, l'appropriation indivi-duelle et égoïste, ne reconnaissant aucun esprit de solidarité de producteur à consommateur, chacun a le droit de se pourvoir comme il l'entend. Chacun peut dire à chacun : Donne-moi ton produit pour le prix que je t'offre, ou je vais faire ma provision ailleurs. Le libre échange est aussi nécessaire pour stimuler le génie, dans les arts, dans l'industrie, l'agri-culture, etc., afin d'arrêter l'esprit du monopole agio-teur, qui s'introduit partout.

Ici une remarque est nécessaire : il faut considérer que, dans la masse d'une nation, producteur et con-sommateur sont une seule et même chose, ce qui nous ramène à l'esprit de solidarité. Voilà notre point de départ.

Inconvénient du libre échange.

Si nous tirons à meilleur marché de l'étranger, blés, bestiaux, sucre, fer, houille, chapeaux, draps, etc., voilà nos industries similaires en décadence, et le producteur consommateur de ces industries appauvri par le chômage, les bas prix et le manque de débouchés.

· D'un autre côté, si nous allons jusqu'à la prohibition, nous travaillerons tous, il est vrai, mais plus mal, et à plus grands frais; et malgré notre labeur, nous serons relativement pauvres, ne pouvant profiter des marchandises que l'étranger, à la faveur de son climat et de son sol, produit plus avantageusement que nous.

Mais le génie social revenant sur sa spontanéité, a introduit dans le libre échange une modification essentielle, c'est la balance du commerce; et les nations entre elles ont fait des traités de réciprocité, des tarifs, etc. De là est née l'organisation des douanes. Mais, comme nous allons voir, la contradiction n'est qu'imparfaitement résolue.

J.-B. Say, dans un instant de lucidité (considérant sans doute, et avec raison, l'argent comme moteur de circulation et non comme marchandise), a dit : « Les produits s'échangent contre des produits. » Si cette maxime du célèbre économiste était mise en pratique, les douanes deviendraient inutiles. Une nation ne pouvant pas acheter plus qu'elle ne vendrait, la soulte ou la différence de l'exportation ne se soldant plus en numéraire, mais en billets de commerce, les dangers de l'importation seraient annulés.

Une nation qui achète plus qu'elle ne vend, s'expose à perdre son numéraire, agent de circulation, lequel lui revient NON COMME MARCHANDISE, mais sous forme de prêt, en s'emparant des valeurs industrielles, et sa richesse passe entre les mains de l'étranger. Telle est actuellement la position du Portugal, vis-à-vis de l'Angleterre.

En Angleterre, pays de libre échange, sur six ouvriers, cinq travaillent pour l'exportation. Il n'y aurait rien à dire de cet excédent de production, si le bénéfice profitait à la masse des travailleurs. Le peuple y serait dans un bien-être parfait, car toutes sortes de produits y seraient en abondance. Mais au lieu de marchandises, c'est l'or des nations qu'elle exploite, qui inonde ce pays, et vient se concentrer dans les caisses des capitalistes. L'Angleterre, avec ses immenses capitaux, est le pays du monde où la misère est la plus grande, et où le paupérisme sévit avec le plus d'intensité. Opulence et misère, voilà en deux mots le résultat de l'économie anglaise. Son objectif est de produire plus qu'elle ne consomme, et d'inonder le monde de valeurs utiles, échangeables contre du numéraire. Il fallait, pour réaliser une semblable puissance de production, des travailleurs libres ; c'est-à-dire une classe d'hommes-outils, que l'entrepreneur fût libre d'employer aujourd'hui et de congédier demain, en vue de son intérêt. Le servage ne se prêtait pas comme le salariat moderne, à l'exploitation de l'outillage humain. La liberté seule a pu réaliser cette grande exhérédation de la classe travailleuse !

Ce que nous devons faire.

Du fait du régime économique introduit par l'empire, bon nombre de travailleurs ont déserté la culture pour se porter vers l'industrie, qui offrait avec un travail facile des salaires plus avantageux.

On s'aperçoit déjà que nous produisons plus que nous ne consommons, tandis que l'agriculture ne suffit pas à notre consommation; nous sommes obligés de demander à l'exportation des débouchés pour notre industrie; et à l'importation, des céréales pour notre consommation.

Si nous protégeons notre agriculture en imposant les blés étrangers, le pain sera plus cher, et aggravera la position de l'industrie qui est déjà en souffrance; si, pour aider l'industrie, nous laissons entrer en franchise les blés et les farines, nous verrons s'affaiblir encore notre moyenne culture.

Voilà la contradiction qu'il nous faut résoudre sous peine d'être dévorés par ce sphinx moderne.

Avant de frapper de droits les produits étrangers, il faut dégrever les nôtres des frais parasites qui les affectent, et ne nous protéger qu'après avoir épuisé les moyens légaux et justes dont nous pouvons disposer. Ces moyens ne sont pas des remèdes héroïques ou dangereux pour quelques intérêts; ils doivent être bienfaisants pour tous. L'ordre dans la société est à ce prix. Nous ne pouvons jamais oublier que société et solidarité sont une seule et même chose.

L'assurance générale et mutuelle, le crédit mutuel et gratuit, l'approximation de la valeur ou le prix de revient des produits, etc., voilà les moyens dont nous essaierons l'application, en dehors de toute utopie, nous basant seulement sur la pratique de la société et du sens commun.

Aujourd'hui la société peut-elle sans danger opérer ces réformes? Les esprits sont-ils préparés pour cette nouvelle Révolution? En jetant un regard attentif autour de nous, nous pouvons répondre : oui ; sinon les crises et les terreurs qui agitent l'Europe séviront avec une intensité croissante.

Serait-il donc dans la vie des nations une époque où « les hommes frappés d'insensibilité morale, ne voyant « les choses qu'à demi, jouissent de cet heur que les « nuisibles ne les blessent moins. C'est une ladrerie « spirituelle qui a un air de santé ». CHARRON.

Alliance anglaise.

Tout le monde sait que M. Gambetta était l'ami du prince de Galles, et qu'ils étaient partisans de l'alliance franco-anglaise. L'Angleterre ne recherchant des alliances que pour ses intérêts, il est facile de supposer, sans trop se tromper, ce que les deux amis pouvaient se dire à ce sujet. Notre appréciation ne prouve rien, pour ou contre les personnes, et ne peut servir qu'à exprimer nos idées personnelles.

Le prince de Galles. — Lors de notre dernière entrevue, nous n'avons parlé que du scrutin de liste. Mais la conformité économique de nos idées me fait espérer qu'aujourd'hui nous parlerons un peu de l'alliance que nous rêvons ensemble, et dont vous êtes le zélé défenseur.

Gambetta. — Prince, chez nous les esprits clairvoyants commencent à apprécier l'alliance anglaise. Mais l'esprit chauvin et ombrageux de notre nation pourrait bien à ce sujet créer quelques difficultés à mon gouvernement.

Le prince de Galles. — La bourgeoisie républicaine et industrieuse dont vous êtes le chef, est, au point de vue économique, plus avancée que sous Louis-Philippe. Elle commence à comprendre ce que chez nous elle pratique, depuis longtemps ; c'est que l'extension industrielle d'un pays, en vue des échanges internationaux, y amène nécessairement la concentration des capitaux dans les mains des classes dirigeantes et' exploitantes. En France, par la division de la propriété et la petite industrie, vous ne sortez pas de l'ornière du produit brut, et quand le produit net essaye de se former, il est constamment absorbé par l'élévation des salaires. De là vient votre faiblesse ; et vous êtes impuissants à discipliner vos prolétaires.

Le libre échange dont nous sommes les promoteurs, s'il se réalisait complètement, amènerait dans chaque nation (avec la liberté) la formation des grands monopoles, lesquels, avec la puissance du capital et des machines, obligeraient la petite industrie à disparaître, et feraient tomber la turbulente classe moyenne dans le salariat. Voilà ce que l'Angleterre a réalisé, par la liberté même.

Notre industrie, en se développant et en se concentrant, a rejeté de la production tous les éléments de faiblesse, qu'en France on veut conserver par la *protection.* Voilà ce qui fait notre force et pourquoi nous avons acquis l'empire sur tous les marchés du monde.

L'alliance anglo-française n'a rien de politique. Nos deux nations sont assez fortes pour se respecter mutuellement, et se faire respecter. L'alliance que nous rêvons ensemble, par la liberté des échanges, amènerait vite chez vous les résultats que nous avons obtenus. « Déposez le bouclier de vos tarifs » et vous revêtirez promptement la cuirasse D'IMPÉNÉTRABLES CAPITAUX.

III — IDÈE GÉNERALE DU CREDIT

Utilité et danger de l'usure.

On sait que l'Eglise a été longtemps opposée au prêt à intérêt, par la raison que le capital consommé se trouve converti en d'autres valeurs, qui ne produisent pas d'intérêts. C'est ainsi que l'a compris Aristote en disant : « L'argent ne fait pas des petits. » On n'ignore pas que le législateur des Hébreux l'a proscrit comme un signe de domination et d'esclavage. Si tu prêtes à l'étranger, tu l'assujettiras, et si tu empruntes, tu seras assujetti. C'est ce que la nation juive a si bien mis en pratique, car l'esprit usurier du juif ne s'exerce que contre l'étranger (entre eux ils se soutiennent par le prêt gratuit), et ce qui agite aujourd'hui les provinces slaves contre les juifs n'est au fond qu'une protestation contre leur esprit usuraire.

Mais on objecta à l'Eglise, que puisqu'elle admettait la rente de la terre, elle était inconséquente de repousser celle de l'argent ; que le prêt d'argent ne pouvait être gratuit, attendu que personne ne prêterait ; que les capitalistes feraient comme les Orientaux, qu'ils enfouiraient le précieux métal ; et que de ce fait l'immobilisme s'appesantirait sur le monde par le défaut de circulation.

L'Église fut donc battue, et cette victoire de l'esprit laïque fut un progrès, qui en permettant l'usure, développe dans la société un immense mouvement de travail, de circulation et d'échange. Mais saint Ambroise a dû penser dans le fond de sa conscience que si le prêt à intérêt était un instrument de richesse pour la société, il,était aussi un instrument de misère et de mort pour,l'emprunteur; car s'il réussit à faire entrer l'intérêt dans son produit, c'est le consommateur qui le paye, et s'il n'y réussit pas, il se ruine.

Voilà la contradiction que la science sociale doit résoudre. Car si on emprunte pour consommer une valeur et en produire une nouvelle, le débiteur doit être considéré comme entrepreneur de richesse sociale, dont trop souvent la ruine amène des perturbations dans la société qui réagissent contre la richesse même.

La commandite. Définition de l'usure.

Si on parle aux capitalistes de la possibilité d'organiser le crédit, de façon à pouvoir se passer de leurs services, ils s'écrient : Que ferons-nous de notre capital si péniblement amassé ; tout comme les paysans d'autrefois disaient : S'il n'y a plus de roulage, il n'y aura plus de chevaux à nourrir ; que ferons-nous de notre avoine et de nos fourrages. Les chemins de fer sont venus, et l'expérience a démontré que la nouvelle circulation a donné plus de valeur aux produits qu'ils croyaient menacés. Il en serait de même pour l'argent, qui chercherait un placement dans la commandite.

« SOCIÉTÉ EN COMMANDITE. Celle qui se forme entre un ou plusieurs associés responsables et solidaires, et un ou plusieurs associés simples bailleurs de fonds. *Dictionnaire de Bescherel.* »

L'action de la commandite EST INÉPUISABLE, et de ce fait, le capital contribuera à un développement de richesse jusqu'alors inconnue dans la société. Relativement à ce qu'elle a déjà produit, on peut dire qu'il n'y a encore que peu de chose de fait.

L'usure, c'est le prêt à intérêt avec garantie pour le prêteur et où la responsabilité est seule pour l'emprunteur. Dans la commandite, le capital devient entrepreneur, il travaille à ses risques et périls, tout comme le commerçant qui travaille avec son capital marchandise. L'intérêt dans la commandite ressemble au produit net, et là où il y a chance de perte, il doit y avoir chance de gain ; ainsi qu'il se pratique dans les grandes entreprises : chemins de fer, canaux, docks, ports, Suez, Panama, etc.; mais ici l'intérêt n'est pas perpétuel, il finit avec la concession, il a servi à rémunérer le génie de l'entreprise ; il est légitime. La commandite et le commerce sont les deux faces d'une seule et même chose, et sont sur le pied d'une parfaite égalité.

Transformation monétaire.

Je crois à la gratuité du crédit commercial et du crédit civil, comme je crois à la possibilité de l'assurance mutuelle. Je pense qu'on ne peut pas contraindre le détenteur de numéraire à le prêter pour rien; mais je crois TRÈS POSSIBLE la création du crédit mutuel. Jésus a dit : « Aimez-vous les uns les autres; » mais on n'a jamais vu cela. J'espère qu'un jour nous nous créditerons les uns les autres, et j'ai la certitude que cela sera. Je n'ai pas horreur des privilèges,

parce que je sais qu'ils ont contribué à la formation de
la richesse, mais la raison des choses et le progrès
des idées nous les fera considérer comme des brevets
d'invention expirés. Tel sera dans un prochain avenir le sort de la monnaie, qui n'est qu'un agent de
circulation pour les produits, et que le commerce
remplace déjà par le billet de banque ou monnaie
fiduciaire.

Il y a quarante-cinq ans, un économiste célèbre,
M. Cieskowski, compatriote de M. Walewski, propo-
sait de MOBILISER la propriété foncière et de la mettre
en circulation à l'aide du billet de banque, tout comme
le commerçant met ses billets en circulation par l'escompte à l'aide de la Banque. De ce fait la monnaie
métallique aurait été remplacée par la monnaie fiduciaire, garantie sur la propriété foncière ; et le métal
aurait toujours conservé sa valeur comme marchandise, mais aurait perdu beaucoup d'importance comme
agent de circulation.

Pour moi, je crois cette mobilisation de la propriété
foncière dangereuse pour le crédit à long terme. Non
que je la compare à la folle émission des assignats;
mais par la facilité des prêts, elle jetterait dans la circulation des valeurs qui ne seraient plus en rapport
avec la somme des produits, et à un moment donné,
il pourrait en résulter une dépréciation. En bonne économie sociale, le prêt à long terme doit provenir de
l'épargne. Mais pour le crédit à courte échéance (un
an au plus), cette mobilisation se renfermant dans la
pratique ordinaire des émissions de la Banque de
France, serait un bienfait et non un danger.

Conversion des rentes.

Comme « l'argent ne fait pas des petits », les gouvernements en savent quelque chose, ils demandent périodiquement la conversion des rentes qu'ils doivent. On a déjà converti bien des emprunts. Le 3 0/0 est de l'ancien 5. Les autres, soyons-en sûrs, descendront à ce taux; on appellera cela unifier la dette. Je suis fort surpris que l'esprit public, toujours instruit par l'exemple, ne demande pas à convertir lui aussi sa dette. Quel mal y aurait-il à ce que pour les valeurs hypothécaires et chirographaires, l'intérêt légal fût fixé à 3 au lieu de 5, cela mettrait le prêteur hypothécaire au même niveau que ceux qui payent l'impôt sur les rentes cotées. Faisons donc un peu d'égalité. J'ai toujours vu les démocrates faire fausse route à propos de l'hypothèque. « Ils disent que le fisc frappe ces créances comme il frappe les autres valeurs, cela remplira son budget. » Mais mauvais économistes, le budget nous dévore (il faudra bientôt y mettre ordre), et l'État, en partageant avec le prêteur, c'est toujours le pauvre emprunteur qui paiera.

La réforme du crédit.

Nos modernes réformateurs du crédit public ressemblent à certains novateurs, qui, pour réformer le despotisme, commencent, après l'avoir démoli, à le restaurer sous un autre nom.

La monnaie, par la rente qu'elle prélève sur la circulation, est, dans les mains de qui la possède, comme la poule aux œufs d'or, et est considérée comme un talisman qui charme encore plus le pauvre que le riche. C'est cette idée merveilleuse, qui nous tient encore au cœur, qui arrête toute réforme sérieuse de ce côté.

Napoléon Ier disait à propos de la Banque de France : « Une banque d'escompte bien organisée peut fonctionner sans un seul sou. » Il pensait, intuitivement sans doute, que l'escompte pourrait être considéré comme un service public, à prix de revient.

Pourquoi le député de l'Orne, en reconnaissant la possibilité de mobiliser la propriété foncière, conserve-t-il l'intérêt au profit de l'insatiable budget, et fait de l'État un usurier, juste au moment où nous reconnaissons la possibilité de pouvoir nous passer d'eux? L'agriculteur peu aisé préférera toujours en passer par la juiverie ordinaire, bien plutôt que par celle trop méticuleuse de l'État.

Le billet d'une banque foncière doit être la représentation de la valeur de la terre, tout comme le billet de banque actuel est la représentation du papier de commerce à trois signatures. L'encaisse métallique d'une banque d'escompte n'est qu'une fiction, qui ne faisait pas illusion à Napoléon. Or, le prix du change ou de l'escompte ne peut être, en bonne administration publique, que la valeur des frais de la banque qui sert d'intermédiaire à la circulation. Et à 1/2 0/0 l'an, il resterait encore un bénéfice net à l'administration de la banque.

Ce n'est plus avec des évolutions de gauche à droite qu'on organisera le crédit. Il faut marcher en avant, et considérer que *le crédit agent de circulation* doit désormais être considéré comme service public. Il faut le fonder par la mutualité, à l'aide de l'impôt, et par la mobilisation LIMITÉE des valeurs mobilières, et songer à se passer du service des prêteurs d'argent.

IV — MONOPOLE ET CONCURRENCE

Nécessité du monopole et de la concurrence.

« Monopole, commerce, exploitation ou jouissance exclusive d'une chose » est l'opposé de la concurrence, cette force qui anime la société. Concurrence, concours où l'avantage revient au plus habile.

Ce qui légitime le monopole, c'est qu'il est la récompense du génie inventeur (brevets) et du travail. Ce qui justifie aussi la concurrence contre le monopole, c'est que sans elle il tend par son arbitraire à s'éloigner du prix de revient en surfaisant ses produits.

Le monopole est nécessaire, avons-nous dit, quand la liberté est impuissante à donner la sécurité et le bon marché. Supposons, par exemple, que le service des dépêches fût livré à l'exploitation privée. Il y a dans certains départements des pays isolés, des fermes qui ne reçoivent que peu ou point de correspondances et où le prix de revient d'une lettre coûte aujourd'hui à l'administration 2 fr. 50. Il est clair que si le service des dépêches était exercé librement par l'industrie privée, ces pays, vu l'exorbitance du prix de revient des lettres, ne correspondraient presque avec personne ; ils resteraient isolés du reste du monde. D'autres pays, où l'industrie est développée, la population agglomérée, correspondraient entre eux à bien meilleur marché. L'industrie privée, excitée par la concurrence, pourrait arriver à établir le prix d'une lettre à 5 centimes, et à ce prix réaliser encore un bénéfice, mais dans la masse du pays, le service serait en souffrance par l'impuissance même de la liberté.

Le législateur, en créant un monopole de droit pour ce service, a eu soin d'en interdire l'exploitation; il est même défendu aux particuliers, sous peine d'amende, de transporter aucune lettre par commission. Cette protection nécessaire a eu pour effet, en centralisant les services, d'établir une taxe uniforme accessible à tous.

Mais il faut dire que les pays qui auraient pu par la liberté avoir leur correspondance à 5 centimes, les paieront 15, et cette plus value de 10 centimes permettra à l'administration de porter dans les pays peu favorisés le prix des lettres de 2 fr. 50 à 0 fr. 15. Voilà comment se forment les services publics par la création de monopoles légaux.

Quand la concurrence est impuissante dans une industrie à extirper le monopole qui s'y est introduit en fait; quand elle-même elle a écrasé ses adversaires et s'érige en monopole; et toutes fois que la sécurité publique le réclame, le législateur intervient en le légalisant, par concession perpétuelle ou temporaire; fixant ces droits par des tarifs modifiables, calculés d'après le prix de revient; tels les chemins de fer et une foule de concessions privilégiées, notaires, huissiers, avocats,

Banque de France, docks, gaz, etc., etc. Tel est le droit de l'État, incontestable et incontesté. Ceci est notre point de repère.

Monopole de fait.

Si l'État n'avait créé un monopole de droit pour le service des dépêches, il est certain que les diverses entreprises qui l'auraient exploité se seraient fusionnées et centralisées, et auraient formé une compagnie comme les assurances actuelles (monopole de fait). Le prix de revient des lettres aurait été basé sur les frais d'établissement, transport, personnel, et surtout d'un fort dividende aux actionnaires, qui aurait, comme dans les Compagnies d'assurances, été élevé aussi haut que possible. Le prix des lettres, sans être exorbitant, aurait pu être taxé à 30 centimes, et donner aux actions de 500 francs une plus value de 100, 200, 300 pour cent, comme il arrive pour les actions incendie et autres. Et l'esprit routinier de l'économie politique de dire : Voyez quel progrès nous avons réalisé ; il y a cinquante ans le prix d'une lettre pour les distances éloignées s'élevait de 40 centimes jusqu'à 1 franc et plus, etc.

L'économiste philosophe pourrait répondre à ces esprits enkilosés : L'administration actuelle réalise déjà 30 millions de bénéfices, le monopole de fait, dont vous vantez le progrès, en réaliserait 60, que nous paierions en plus du prix de revient.

Que l'esprit public réfléchisse donc qu'il y a des centaines de monopoles qui superposés les uns aux autres, rongeant avec un égal appétit, absorbent en silence les produits du travail, et rendent l'existence difficile.

Abus du monopole.

Mais ce qui nous fait nous méfier du monopole légal comme du monopole de fait, c'est que le résultat n'atteint pas le but qu'on se propose. L'esprit de spéculation et de favoritisme s'y introduit trop souvent. Le mauvais exemple est même donné par l'État. Il s'est adjugé le monopole des tabacs qu'il nous fait payer 400 0/0 plus cher que le prix de revient, celui des allumettes, qui nous les fait payer trois fois plus qu'elles ne valent et qui ne lui rapporte presque rien, à cause de la contrebande qui le mine. Le privilège de la Banque de France, qui lui permet de battre monnaie avec du papier avec lequel elle escompte les billets de commerce au prix moyen de 3 à 7 0/0, ce qui produit 30 0/0 de dividende aux actionnaires. Il est vrai que la Banque et l'État s'entendent comme larrons en foire; car quand ce dernier a besoin d'avance, elle lui prête sa monnaie de papier sans intérêts.

Mais ce qu'il y a de plus triste et qui nous reporte en arrière des autres nations, c'est que le monopole légal affecte la perpétuité comme « les géants affectent l'empire céleste ». De là les prorogations qui, sous prétexte d'utilité publique, atteignent la liberté et la richesse publiques. Prorogations successives du privilège des mines qui a élevé à plus de 600 0/0 la valeur des actions de certains charbonnages et qui entretient la cherté sur leurs produits. Cette aliénation du domaine de l'État a constitué la propriété minière, et a contribué à l'immense fortune de M. Thiers. Prorogation en 1863, en pure perte pour le commerce, de

30 ans du privilège de la Banque de France. Prorogation en 1851-52 du monopole des chemins de fer de 45 à 99 ans, avec hauts tarifs de jouissance, ce qui a doublé la valeur des actions, et qui rend en France la circulation 50 0/0 plus chère qu'en Belgique. Étonnez-vous avec cela que les progrès de l'industrie ne nous donnent pas le bon marché.

Quand l'État a la haute main dans les plus grands intérêts de la nation, on se dit : Si le pouvoir est resté pur, ne pourrait-il pas prévariquer? Méfions-nous donc de la concentration et surtout du pouvoir personnel.

V — LA PROPRIETE FONCIERE

Création de la propriété individuelle.

A l'origine des sociétés, on voit les hommes se grouper par tribus. L'industrie et le commerce étant presque nuls, la tribu est à l'état nomade, comme le sont actuellement les tribus arabes, chez qui la possession de la terre est commune. La tribu, en s'installant dans une plaine, en fait le partage, on cultive chacun sa part; la récolte terminée, on décampe et on va ailleurs chercher une autre installation.

Mais dans les climats moins propices, elle incline à la stabilité (comme en Kabylie), et forme d'abord la propriété communale. Ce mode de propriété, dont le possesseur ressemble au fermier, ne lui permet pas plus qu'à celui-ci d'améliorer, d'innover, de créer, en vue d'augmenter et de varier sa production, ce qui arrête le progrès agricole. Mais l'esprit industrieux, d'accord avec l'esprit collectif, eut bientôt raison de cette difficulté, et l'appropriation individuelle reconnue nécessaire, créa la propriété.

La stabilité, en créant la propriété, a transformé la tribu en village; le commerce et l'industrie, en se concentrant, ont formé les bourgs et les villes, et de cette agglomération est née la nationalité dont le territoire se compose naturellement de différentes richesses : eaux, forêts, mines, terres arables, friches, etc., propices à diverses cultures, et de différentes qualités.

Au point où nous sommes arrivés, par la formation de la propriété, la société est en progrès, et de tout mieux organisée que la tribu primltive.

L'absence du monopole, la division de la propriété, font que le bien-être est général, et, de ce fait, la richesse collective est supérieurce à la richesse individuelle.

Absence de la rente foncière.

Dans cette petite nationalité, dont par hypothèse la population peut être évaluée à 5,000 âmes, et se trouve divisée en agriculteurs, commerçants, artisans, etc., lesquels se serviront des meilleurs instruments de travail qu'ils auront à leur disposition, l'agriculture s'emparera d'une partie des terres de première qualité, d'exploitation facile. Admettons qu'un hectare rapporte 135 doubles-décalitres et que les frais d'exploitation (très facile) s'élèvent à 250 francs, le prix de revient du blé, frais et salaire compris, serait de 1 fr. 85 le boisseau, le pain serait à bas prix, le cultivateur y trouverait son compte.

Ce sol n'étant pas complètement approprié, la production des céréales suffisante pour la nation, les cultivateurs pourront se faire concurrence entre eux, et seront sur le pied de parfaite égalité avec les autres producteurs. La propriété ainsi formée n'est qu'un instrument de production dont la valeur vénale est proportionnée au produit qu'on en tire, et ne donne encore aucune rente ou plus-value.

Formation de la rente et du monopole terrien.

Nous voyons au précédent paragraphe la division de la propriété se conserver parce qu'elle n'est encore qu'un instrument de travail, que le cultivateur n'en possède que ce qu'il en peut cultiver, que son intérêt n'est pas d'avoir beaucoup de terre, mais de soigner et d'entretenir ce qu'il en possède.

L'égalité où se trouve cette société aura contribué à augmenter la population. Admettons, à l'aide de notre hypothèse, qu'elle se soit accrue de 5,000 à 50. Toute une révolution s'est opérée dans la propriété : les terres de première qualité ne suffisant plus pour nourrir la population, on s'est approprié les terres de deuxième, troisième, quatrième, cinquième qualité. La terre de la cinquième qualité, avec les mêmes frais, ne produit plus que 60 boisseaux au lieu de 135 que donne la première qualité. Le prix du blé pour la dernière est de 4 fr. 16, lequel devient le prix marchand pour toutes les autres qualités de terre.

Ainsi dans la première période, nous avons vu le cultivateur vendant son blé 1 fr. 85 ; maintenant, par

l'augmentation de population, il le vendra le prix que
poir vendre le cultivateur de la dernière qualité, soit
4 fr. 16. La terre de première qualité réalisera donc
une plus-value de trois cent dix francs; et les terres
de qualité intermédiaire réaliseront aussi une plus-
value proportionnelle à leur rendement.

Par le droit naturel de propriété, la rente que la
terre produit revient au propriétaire, et en l'enrichis-
sant devient pour lui un monopole. Admettant que
l'industrie en progrès puisse supporter l'augmentation
du pain, le bien-être de l'ouvrier devient stationnaire,
et celui du propriétaire augmente sans avoir travaillé
davantage.

Avec le privilège, l'accapareur menace la petite propriété. Le fermage recommence, et la culture revient
à l'état du colonat primitif.

Ce n'est pas l'égoïsme de l'homme qui a formé ce
privilège et cette contradiction, mais le développement
même des lois économiques.

Nous croyons devoir rapporter ici un article du
journal *le Petit Caporal*, du 20 novembre 1878, intitulé : *Révolution en Italie*, et signé J. Amigues, qui
montre bien mieux que nous ne saurions le faire, l'influence désastreuse que le monopole-terrien exerce
sur des provinces entières, ce qui est aussi un argument en faveur de la division de la propriété.

« La vérité est que cette province de Basilicate,
comme la Capitanate, et la plus grande partie de
l'ancien royaume de Naples, est dans une condition
économique et sociale qui favorise singulièrement les

révoltes et les fureurs par où se manifestent de temps
à autre, dans l'histoire, les revendications des races
déshéritées.

« C'est un pays ou du moins une terre excessivement
riche que cette Italie méridionale, mais dont la destinée
historique n'a point réparti la richesse suivant des pro-
portions normales et à l'abri d'institutions régulières.

« Depuis deux mille ans et plus, les invasions et les
conquêtes y ont succédé l'une à l'autre sans s'y créer
jamais une assiette définitive, sans y engendrer un
état de véritable civilisation. Les Grecs, puis les Romains, puis les Barbares, puis les Sarrasins, puis les
Normands, puis les Angevins, puis les Espagnols, s'y
établissent successivement ; puis les Bourbons y cam-
pent pour un peu de temps jusqu'à ce que la dynastie
de Savoie les y remplace.

« A travers tout cela la propriété ne parvient pas
à se fixer et à se donner un régime légal. La terre est
à ceux qui l'occupent par la force. En de bien rares
endroits elle se divise entre ceux qui la cultivent. Pas
de petite propriété, pas de classe moyenne. Vingt lieues
carrées de terrains sont aux mains d'un possesseur
unique, et çà et là, sur cette étendue immense, des
populations misérables vivent par troupeaux, agglo-
mérées dans des amas d'habitations que la géographie
qualifie de « grandes villes » et qui ne sont en réalité
que des refuges pour cette pauvre plèbe, proscrite
d'une campagne dont le sol ne lui appartient pas.

« Quand vous parcourez ces pays, à cheval, ou bien
en chemin de fer le long de l'Adriatique, vous voyez
des plaines infinies et magnifiques, où les cornes des

bœufs dépassent à peine la cime des blés géants ; mais
point d'habitation, nulle part, à perte de vue. On se
demande quelles mains mystérieuses cultivent ce sol
enchanté.

« Tout à coup, au milieu d'une touffe d'arbres ou
sur le penchant d'une colline avancée de l'Apennin,
apparaît un bloc de constructions, bloc énorme et so-
litaire. C'est la *masseria* de tel ou tel seigneur, le
centre d'exploitation de sa terre féodale.

« Tous les ans, aux époques de semailles ou de
moisson, l'intendant de ce grand propriétaire s'en vient
louer dans telle ou telle ville, à Potenza, à Foggia, à
Castrovillari, quelques centaines d'ouvriers de la terre,
que l'on conduit en bande à la masseria. Ils y gagnent,
pendant quelques mois, six sous par jour et des coups
de bâton. Puis on les rend à la liberté, c'est-à-dire à
la misère.

« Ils retournent à la ville, et la campagne appartient
désormais aux brigands, contre lesquels les gardiens
de la masseria se défendent comme ils peuvent.

« Telle était là situation de ces pays au temps où
Justinien, empereur de Constantinople, lançait ses édits
contre les « voleurs à cheval, *prædones equestres* » de
la grande Grèce ; telle elle est encore aujourd'hui.

« Il est humainement impossible qu'une hygiène
économique aussi détestable n'engendre point la plaie
du socialisme partageux.

« Aussi a-t-on vu, en Calabre, par exemple, des
paysans de la plaine s'emparer de vive force des pla-
teaux de la Sila pendant plusieurs années de suite, et
les occuper chaque année au nom d'un véritable droit

de conquête, jusqu'à ce qu'ils y eussent recueilli la moisson.

« Le gouvernement italien est parvenu, plus ou moins complètement, à avoir raison de ces paysans; mais beaucoup d'entre eux se sont faits bandits.

« On voit que c'est là un terrain merveilleusement préparé pour une « révolution sociale » dont Passavante n'est, selon toute apparence, qu'un des lamentables précurseurs.

« Cette révolution pouvait-elle être prévenue? Par quelles voies s'opérera-t-elle? Ce sont là des questions que je ne me propose point d'examiner, au moins aujourd'hui.

« Tout ce que j'ai voulu indiquer ici, c'est que la perspective est sérieuse et redoutable, en Italie, non seulement pour la monarchie et pour le monarque, mais pour l'ordre politique et social tout entier, pour toutes les institutions et tous les intérêts dont cette monarchie est la clef de voûte.

« Aussi est-ce grand pitié de voir nos gouvernants bourgeois s'endormir bêtement au milieu des périls qui menacent partout la vieille société européenne, s'imaginer qu'ils feront le silence sur les perturbations de l'Italie en ordonnant au télégraphe de s'en taire, et s'amuser aux niaiseries du parlementarisme alors que le monde entier est à la veille de demander compte à la République française du malaise ou des terreurs dont il est assailli. »

Il est curieux de voir M. J. Amigues, partisan de l'empire, et sans doute conservateur, nous révéler les conséquences du monopole terrien en Italie. Pas de petite propriété, pas de classe moyenne, nous dit-il, vingt lieues carrées sont aux mains d'un seul possesseur.

Mais où vous êtes encore dans le vrai, et où je vous fais mon collaborateur, c'est quand vous avez pitié de voir nos gouvernements bourgeois s'endormir bêtement au milieu des périls qui menacent partout la vieille société européenne.

Mais ce qui me surpasse, et me porterait à douter de vos idées révolutionnaires, c'est qu'après nous avoir montré que dans ce pays, la monarchie étant la clef de voûte de toutes les institutions et de tous les intérêts, vous nous annoncez « que le monde entier est à la veille de demander compte à la République française du malaise et des terreurs dont il est assailli. »

Permettez que je vous rappelle que l'empire, comme le gouvernement que vous critiquez, étant placés en dehors de l'économie, n'ont fait que servir l'intérêt bourgeois; et comme le roi d'Italie, ils sont impuissants à servir l'intérêt du peuple.

Vous qui embouchez si bien la trompette de la révolution, conseillez donc à la monarchie italienne d'opérer par l'impôt foncier la reprise de la plus-value des terres, et vous verrez le seigneur les vendre ou les abandonner; et le malheureux Italien, sans jouer du poignard, et sans tirer un coup de fusil, cessant d'être brigand ou bandit, prendre possession de la terre qui lui a été si longtemps ravie.

VI — LA MISERE LÉGALE

Répartition de la richesse sous le monopole.

Au seul mot de liberté, le peuple tombe en extase devant qui sait le prononcer à propos. La liberté chère à la bourgeoisie, c'est la liberté du monopole, de l'agiotage, des gros traitements, des forts dividendes, lesquels superposés les uns aux autres, pressurent et prélèvent sur le travail le plus clair de la production, ne laissant à l'ouvrier que le marc.

La liberté individuelle nous est garantie par la loi, mais n'a rien à offrir à celui que le monopole ruine, que l'agiotage et l'usure affament. La liberté économique, pour être vraie, devrait par des institutions, soit de mutualité, de crédit, etc., garantir à chacun sa propre force ou sa liberté économique.

Ainsi Pierre et Paul sont de capacité et de force égales; cette force peut se représenter pour chacun par une unité. Mais Pierre possède un capital de 10,000 francs, que nous figurons par 10 unités; ce qui porte sa force à 11, tandis que par l'absence de crédit celle de Paul reste une sous le monopole. Ce dernier est donc 10 fois plus faible que Pierre. La liberté économique de Paul n'étant garantie par rien, le plus fort écrasera le plus faible; et, comme dit le proverbe : « Les gros mangent toujours les petits. »

On évalue à 14 milliards la production actuelle du pays. Divisant cette somme entre neuf millions de familles, composées de quatre personnes, il se trouve que la part de chaque famille serait de 1,555 fr., et pour chaque personne de 388 fr. 75, ou 1 fr. 06 par jour, ce qui paraît bien raisonnable. Mais, pour être vrai, il faut reconnaître que les monopoles, l'agiotage, l'usure et le parasitisme, dont il est parlé plus haut, prélèvent au moins 4 milliards sur cette production. L'impôt d'État seul en perçoit plus de 3. Total : 7 milliards à retirer, comme préciput et avant part. Cela veut dire que si l'ouvrier reçoit 4 fr. 20 pour son salaire, il est obligé d'acheter tous les produits nécessaires à sa consommation le double plus cher que ce qu'il a reçu en les produisant.

Une livre de tabac ne revient qu'à 1 fr. 50 de travail, il la paie 6 fr. 25 à l'échange. Une livre de café revient sans impôt à 1 fr. 25, avec l'impôt il la paie 3 francs. Un industriel qui crée pour 200,000 francs de valeurs, prélevant après tous frais faits un bénéfice net de 10 0/0, réaliserait une somme de 20,000 francs. Mais s'il peut obtenir 40 0/0 à l'échange, il réalisera un énorme agio de 60,000 francs que le consommateur des produits paiera.

Tout s'engrène dans la société, et quand le salarié a gagné 4 francs, il ne retrouve à l'échange que 2 francs de valeur pour 4 qu'il paie.

L'industriel, le commerçant, comptent dans leurs frais de production, l'impôt, la rente qu'ils payent et le prix de toutes choses, et vendent leurs produits en conséquence ; ils travaillent toujours au pair. L'ouvrier qui n'a que sa brasse, paie aussi l'impôt, et le prix de toutes choses, et ne peut, lui, les compter dans son prix de revient. Il travaille donc toujours au-dessous du pair. Il est dans la gêne et bientôt dans la misère.

Paul-Louis Courier disait : « D'aussi loin que l'on « se souvienne, le peuple paie et prie; il paie pour « ses bourreaux, et prie de toujours pouvoir payer. » Un philosophe a dit : « Il est temps de le faire philosopher. »

Pour sortir de la misère légale, l'ouvrier pense augmenter sa journée; mais triplerait-elle, la hausse étant générale, il ne serait bientôt pas plus avancé. Cependant il y aurait de pris le rentier et le retraité. Ils le sont déjà puisque la rente baisse, et que la pension n'augmente pas, et que tout devient cher dans la consommation.

L'épargne individuelle.

Proudhon a défié la routine économique de démontrer comment tout travail peut laisser un excédent. On a répondu à ce défi par le silence.

Le progrès des sciences dans l'industrie contribue sans cesse à l'augmentation de la masse des richesses consommables. Si cette masse augmente de 200 millions par année, le travailleur économe, s'il n'augmente pas sa consommation ordinaire que nous admettons suffisante, pourrait réaliser avec son salaire une économie et pratiquer l'épargne, ce qu'il ne peut aujourd'hui, puisque l'augmentation de la richesse sociale passe entre les mains du monopole et de l'entrepreneur capitaliste. C'est un fait visible à tous que malgré les progrès de l'industrie tout est cher, et que la vie de l'ouvrier est difficile.

Mais, dit-on, si l'ouvrier gagnait le double il le dépenserait, et ne serait pas plus avancé. Cela est possible; il pourrait faire encore comme les riches, qui mangent plus que leurs revenus, qui empruntent et se ruinent; mais l'ouvrier qui le voudrait pourrait toujours économiser; ce qui lui est impossible aujourd'hui, sous le monopole, sans s'exténuer par des privations, et où la caisse d'épargne serait pour lui un tombeau.

Dans la mêlée d'intérêts antagonistes, le rôle du pouvoir est difficile. « Il est une expiation. Il expie parce qu'il est réduit à ne gouverner qu'avec la force, » et est fatalement pour le *statu quo*. Il expie, puisque pour sa conservation, il s'entoure de créatures qu'il favorise par les emplois, ce qui excite les ambitions politiques, lesquelles se forment en opposition coalisée, et l'emportent souvent au souffle de révolutions factices. Puis l'ordre se rétablit, sans plus de sécurité pour lui, comme pour la société.

Quant au peuple qui ne reçoit d'éducation que par l'exemple, on peut juger de ce qu'il peut savoir. Seulement, il a toujours conservé, *par esprit d'imitation*, une vieille idée, qui pour le tirer d'embarras, est de se servir de l'instrument que ses maîtres ont si bien manœuvré en 93. Idée très regrettable sans doute, mais qui donne bien à réfléchir.

A la Bourgeoisie !

Bourgeois, votre avènement définitif date de 89. En vous substituant à l'ancienne noblesse, en déracinant jusqu'au dernier vestige les restes de la féodalité, vous avez laissé la masse des travailleurs sans aucune organisation, livrés entièrement à votre génie spéculatif. Avant, l'ouvrier englobé dans les corporations, organisé par ses confréries, à l'abri de la misère, supportait sans trop de protestations le droit de maîtrise qui lui était d'un difficile accès. Vous avez démoli tout cela.

La liberté dont vous avez su profiter a donné un brillant essor à l'industrie. Mais les lois économiques, par leur développement contradictoire, ont refoulé la masse des travailleurs, qui aujourd'hui sans organisation dans toute l'Europe, aiguillonnés par la MISÈRE LÉGALE, ont organisé dans leur sein un *vaste parti de protestation et de* DESTRUCTION.

L'absence de principes dont on vous accuse, fait également défaut partout. Quelle idée pratique représente le radicalisme? Qu'est-ce donc que le collectivisme, le parti anarchiste et le nihilisme? Où est le testament que nous a légué la Commune? Qui aussi ose se dire communiste? Tout fait silence autour de nous. Personne n'a pris sérieusement la parole, et ce silence, qu'on y prenne garde, ne nous dit rien de bon.

Tout a été mis en pratique dans l'antiquité : la communauté à Sparte ; le droit quiritaire à Rome. Et les Romains, après avoir détruit la foi punique, ont été remplacés par les barbares. L'Église aussi a tenté d'organiser la société par le communisme monacal. Les constitutions féodales reposant sur le devoir et le droit ont abouti à 89. L'État serviteur est le nom nouveau du despotisme. Où donc prendre notre point de repère ?

Nous allons voir aux chapitres suivants, que les provisions de toutes sortes que vous avez su percevoir sur le travail avant jugement définitif, sont contestables en droit, et que par dignité vous avez le devoir de vous en DÉPARTIR. Quoi, malgré votre génie, vous ne pourriez vivre que de la subvention du travailleur ? Non, vous ferez votre nuit du 4 août.

« On ne fait bien ses affaires qu'avec l'argent des autres » a dit une célébrité littéraire, devenue conservatrice. Ces paroles sont comme un éclair de lucidité qui traversait la conscience, en regard de notre modeste valeur personnelle. Mais cette critique qui ne passera pas, est le signe fatidique de la négation du culte de Mammon, et l'affirmation que les dons de la richesse ne viennent que du travail.

CHAPITRE III

AGRICULTURE

Evolution agricole.

De tout temps les hommes sérieux ont attribué le peu d'avancement de la culture au défaut de concurrence, laquelle a réalisé de si grands progrès dans l'industrie.

Le libre échange est venu, et l'a sortie de son immobilisme séculaire. Une ère nouvelle s'ouvre pour elle. L'industrie, en fournissant au cultivateur un outillage perfectionné, a déjà contribué au progrès qu'elle réalise. Les notions d'agronomie commencent à la pénétrer, et de ce côté elle est en voie de transformation. Je ne saurais mieux faire, pour éclairer la question, que de rapporter un excellent article de la *Gazette du Village*, du 16 novembre 1884, et signé P. Joigneaux, sur l'*Organisation de la culture en Allemagne*.

« Nous avons sous la main le bulletin n° 6 (3° année) du ministère de l'agriculture. Il s'y trouve bien des choses intéressantes auxquelles on ne s'arrête pas assez, et dans le nombre, un rapport de M. Henri Mérou, chancelier du consulat de France à Breslau. Nous ne pouvons pas le donner en entier, puisque l'espace nous

manque, mais nous allons en résumer les parties essen-
tielles, afin d'éveiller l'attention de nos populations ru-
rales et de leur montrer par quels moyens énergiques
et intelligents les Allemands poursuivent le relèvement
de leur agriculture. Ce résumé sera en même temps le
châtiment de ceux qui chez nous, par des motifs misérables et inavouables, paralysent tout progrès !

« L'instruction professionnelle, dit M. Henri Mérou,
« est propagée sur la plus vaste échelle. En dehors
« de nombreuses écoles d'agriculture, cette instruc-
« tion trouve comme son couronnement dans des corps
« spéciaux d'agriculture suffisamment suivis, dans les
« diverses universités. Des professeurs ambulants
« vont porter de village en village cette instruction
« au paysan, soit par les conseils individuels, soit par
« les conférences faites au sein des sociétés d'agricul-
« ture. Ces professeurs ambulants remplissent encore
« un autre rôle ; ils font part à l'administration des
« observations qu'ils ont pu faire, joignant ainsi à leur
« fonction de professeur celle d'inspecteur. »

« On ne se contente pas de cela ; des associations
se forment dans les villages, se relient entre elles et
se centralisent. A côté des associations officielles, il y
a celles de l'initiative privée qui se prêtent un mutuel
appui. Toutes fonctionnent activement, mais elles ne
poursuivent pas le même but. Celles-ci répandent les
connaissances agricoles et s'occupent des questions du
jour ; celles-là se créent des ressources, s'assurent le
crédit et se livrent à toute sorte d'entreprises. Ici, on
s'associe pour ouvrir des canaux, dessécher des marais,
niveler des terrains ; là, on s'associe pour l'élevage du

bétail, les travaux de la laiterie, la culture des arbres
fruitiers. Ailleurs, c'est pour acheter en commun l'outillage d'un prix élevé; autre part les gens s'assurent
entre eux contre le feu, la grêle et la mortalité du bétail; ou bien encore ils s'entendent pour mettre ensemble leurs parcelles disséminées afin de les cultiver
avantageusement. Des sociétés travaillent à s'ouvrir
des débouchés pour la vente des produits des sociétaires : lait, beurre, légumes, œufs, volailles, etc.

« Il y a des sociétés pour l'achat en commun des
engrais, des semences, du combustible, des denrées
coloniales, des étoffes de laine, etc.; des sociétés pour
l'achat des substances alimentaires, et aussi des sociétés de secours mutuels.

On cite l'association de consommation dite *de Hesse*
qui se propose : 1° l'acquisition en commun des meilleurs produits nécessaires à l'exploitation des pro-
priétés de ses membres; 2° la vente en commun des
produits de l'exploitation; 3° l'acquisition des instruments nécessaires; 4° la protection de ses membres
contre la duperie.

« On cite encore l'*Association de banque et de consommation* de Hainichen, en Saxe, qui, en 1881, sur
ses achats d'engrais, de ses substances alimentaires,
de sel de table et pour le bétail, et de charbon, s'élevant à 20,688 marcs (le marc vaut 1 fr. 25), a réalisé,
toutes les dépenses faites, un bénéfice de 6,944 marcs,
« bien que les marchandises aient été fournies à chaque membre à un prix inférieur à celui qu'elles lui auraient coûté s'il se les était procurées séparément et
par la voie ordinaire. »

« Notez, s'il vous plaît, que les marchandises sont analysées scrupuleusement avant d'être réparties entre les sociétaires, et qu'il n'y a pas à douter de leur bonne qualité.

« Les Allemands qui sont des gens pratiques et qui ne se payent point des discours d'avocats, ni de finasseries, ont compris tout de suite que le salut de l'agriculture en Europe était dans l'association. Tout autre moyen est une illusion ou une moquerie.

« L'association, en vue du relèvement de l'agriculture, n'est pas plus impossible chez nous que chez eux. Les sociétaires n'ont rien à sacrifier de leurs principes, de leurs croyances ; pas n'est besoin de communier sous toutes les espèces pour mener l'entreprise à bien. L'économie rurale est un terrain neutre, où avec un grain de bon sens dans la tête, amis et ennemis peuvent se rencontrer sans que leurs convictions aient à en souffrir.

« La situation est difficile, et il s'agit de choisir entre deux perspectives : le relèvement ou l'effondrement. Si nous nous obstinons à introduire les rivalités politiques et religieuses dans cette grosse affaire, nous n'en sortirons pas. On ne les y a que trop introduites depuis longtemps, et c'est avec cela qu'on a paralysé les efforts de bonne volonté, et qu'on nous a mis dans l'état d'infériorité où nous sommes. »

La petite culture a contre elle aujourd'hui : 1° l'impôt foncier qui est progressif dans le sens de la pauvreté ; 2° les risques innombrables qui la frappent périodiquement ; 3° le commerce des céréales qui la subalternise en lui ôtant la liberté de vendre son blé à sa valeur; 4° le crédit qui n'est pour elle qu'une illusion, puisqu'elle ne peut faire entrer l'intérêt qu'elle paie dans le prix de son produit; il l'appauvrit et la ruine; 5° les chemins de fer qui la refoulent, en transportant les produits similaires étrangers à plus bas prix que les siens; 6° elle est atteinte aussi, par les contradictions des lois économiques, que nous avons déroulées au chapitre III, et que l'esprit de la législation doit faire tourner au profit de tous; 7° l'impuissance des gouvernements, comme nous l'avons signalé pour celui de l'empire; 8° sa propre inertie dont elle sortira, et que la protection aurait pour résultat d'entretenir.

Ce qui fait la force de la culture étrangère, c'est son puissant outillage et ses capitaux, etc. Donnons à notre agriculture ce qui fait la force de ses concurrents; car la protection est un brevet d'invention expiré, une réclame électorale, et finalement une brouille qui ne profiterait qu'aux propriétaires qui élèveraient le prix des fermages, et aux gros cultivateurs, et ne sortirait guère de la gêne les petits.

Les cas que nous venons de signaler contre la culture étant supprimés, il ne resterait contre elle que la concurrence étrangère, dont l'effet ne pourrait pas lui nuire, et le pays en profiterait.

Prix de revient du blé
d'après le rendement de la dernière qualité de terre.
Définition de la rente foncière.

Une terre de première qualité a produit dans une moyenne de dix années 90 doubles décalitres à l'hectare. Les frais de culture, fumure, semence, s'élevant à 250 francs, portent le prix du boisseau à 2 fr. 80.

Dans la même période, une terre de seconde qualité, avec les mêmes frais que la première, n'a produit que 75 doubles, ce qui porte le prix à 3 fr. 35.

La troisième qualité de terre, avec autant de frais que les deux précédentes, et dans le même temps, n'a produit que 60, ce qui élève le prix de revient à 4 fr. 16 le double décalitre.

Restons-en à la troisième qualité comme terme de comparaison. Ce qu'il est important de noter, c'est que le prix marchand du blé s'établira sur le prix de revient de la dernière qualité de terre, faute de quoi, elle serait abandonnée. De ce fait naît une plus-value, ou rente de 15 boisseaux sur la seconde qualité, et de 30 sur la première. Cette plus-value ou rente n'est pas un don que Dieu fait au propriétaire; car c'est le peuple consommateur qui la paie, par l'augmentation des céréales, dont le prix est proportionné à la qualité inférieure des terres qu'on est obligé de cultiver, proportionnellement à l'augmentation de la population. Si la société est obligée de cultiver une quatrième qualité de terre, la troisième se trouvera à son tour avoir une plus-value, et la rente des terres de qualité supérieure augmentera encore; ce qui constitue pour l'heureux propriétaire une nouvelle AUBAINE, que le consommateur paiera encore.

En déterminant la valeur du blé selon le rendement des terres de différentes qualités, et du prix d'exploitation, nous trouvons que pour la troisième qualité de terre, le prix du blé revient au cultivateur à 4 fr. 15 et ne laisse aucun bénéfice net. Ainsi :

la 3e qualité de terre produit 60 boisseaux à 4 fr. 15. Prix de
vente. . . . . 239 fr. »
— — Frais d'exploitation. . . . . 250 »

Bénéfice. . . . . 000 fr. »

la 2e qualité de terre produit 75 boisseaux vendus
4 fr. 15. . . . . 312 fr. »
— — Frais d'exploitation. . . . . 250 »

Bénéfice net. . . . . . . 62 fr. »

la 1re qualité de terre produit 90 boisseaux vendus
4 fr. 15. . . . . 373 fr. 50
— — Frais d'exploitation. . . . . 250 »

Bénéfice net. . . . . . . 123 fr. 50

Il y a donc une rente de 123 fr. 50 sur la première qualité, de 62 sur la seconde, et rien sur la troisième.

On est si peu habitué à définir les notions économiques, que peu de gens comprennent la théorie de la rente de la terre, que nous avons formulée d'après Ricardot. La rente d'une terre n'est pas proportionnée à sa valeur vénale. Un hectare de terre qui a été acquis au prix de 3,000 francs peut ne rapporter que peu ou point d'intérêt. Mais la rente provient de la différence du rendement des diverses qualités de terre. Pour faire mieux sentir cette notion, nous allons employer une hypothèse qui devra persuader les plus étrangers à la définition de l'économie sociale.

Admettons que la France qui ne récolte pas suffisamment pour sa consommation, soit bloquée, et qu'elle ne puisse recevoir aucune céréale du dehors. Il faudra s'emparer des terres de qualité inférieure, les défricher afin de les cultiver. Admettons encore que la dernière qualité de ces nouvelles terres ne rapporte plus que 36 boisseaux à l'hectare, que les frais d'exploitation soient pour ces mauvaises terres de 300 fr.: le prix de revient du blé sera de 8 fr. 33 le double décalitre, et deviendrait à son tour le prix marchand des céréales.

Nous avons vu qu'avant ce nouvel état de choses, le prix du blé de la troisième qualité de terre était de 4 fr. 15 ; maintenant le blé de cette troisième qualité sera vendu non 4 fr. 15, mais 8 fr. 33. Elle réaliserait donc une aubaine, rente ou plus-value de 100 0/0 que paierait, comme nous l'avons dit, le malheureux consommateur au profit de l'heureux propriétaire.

Mais l'avantage serait bien plus considérable encore pour les terres de première qualité, car celle qui produit 90 boisseaux avec 250 francs de frais réaliserait une aubaine totale de 499 fr. 70.

N'est-il pas démontré maintenant, que plus la richesse du propriétaire augmente, plus aussi augmente la misère du consommateur.

Il serait donc juste de ne pas laisser complètement cette bonne aubaine au propriétaire, et d'en opérer par l'impôt la reprise jusqu'à concurrence de..... afin d'indemniser, par ce moyen, les cultivateurs de la terre de dernière qualité, et de faire ainsi baisser le prix exorbitant du pain.

On objecte, et on dit : Comment pouvez-vous établir un prix de revient unique pour les blés, quand des terres de même qualité et de même rendement coûtent par la main-d'œuvre, dans différents pays, un tiers de plus de frais? Que veut dire ce mot prix de revient unique? S'agit-il donc, comme on l'entend toujours, d'arbitraire. Non.

Si dans un pays une terre produit avec 250 francs de frais 90 doubles décalitres, le prix de revient du blé est à 2 fr. 77. Mais dans une autre contrée, la main-d'œuvre étant plus chère, porte les frais de 250 à 300 francs; le prix de revient dans cette contrée s'élèvera à 3 fr. 33 au lieu de 2 fr. 77 dans l'autre pays, pour la même qualité.

Qu'il y ait dans différentes contrées de la nation des terres de même qualité et d'égal rendement, mais qui coûtent plus cher d'exploitation les unes que les autres, cela existe; et c'est la preuve qu'il y a dans la culture, comme dans l'industrie, des exploitations qui rendent plus ou moins de bénéfice.

Donc, de notre explication, il résulte toujours que le prix de revient est pris (non pas fixé) sur l'exploitation moyenne des terres, et que le prix marchand sera le prix de revient de la dernière qualité, ou cette terre ne serait pas cultivée, mais abandonnée.

Il n'y a qu'une abondante récolte qui ferait faire diversion à la règle, où l'offre plus abondante que la demande pourrait faire baisser les céréales, etc.

Impôt foncier.

Je ne traiterai pas ici la question générale de l'impôt, cette roche où l'État viendra tôt ou tard se briser. Je dirai un mot sur l'esprit qui présida à la formation de l'impôt foncier, dont l'assiette mal assise, empêche aujourd'hui toute augmentation de cet impôt, quoique le rendement de certaines terres ait doublé.

Les physiocrates pensaient que la rente de la terre, donnée gratuitement par la nature, et payée par le consommateur, ne devait pas rester entière entre les mains du propriétaire ; qu'une partie de cette rente devait être affectée par l'impôt aux services publics.

C'est dans cet esprit que le législateur de la Révolution fonda l'impôt foncier. En prenant pour terme de comparaison le produit brut des terres, ou ne distinguant que vaguement le produit net, il est tombé dans l'erreur. Il n'a pas remarqué, comme nous l'avons fait, qu'il y a des terres dont le produit brut ne laisse pas de produit net, et que pour celles-là la proportionnalité les ruinait. Et la justice qu'il voulait appliquer à tous, a tourné contre le pauvre cultivateur, qui souvent ne cultive que des terres de médiocre qualité.

D'après l'observation que j'ai faite sur quelques terres de notre finage, afin d'établir le prix moyen du blé, la terre de première qualité, dont le produit brut et net est de 373 fr. 50, serait, d'après la cote, imposée à 1 0/0 et paierait 3 fr. 73 ou 1 fr. 25 par journal. Le produit net de cette terre étant de 123 francs se trouve

imposé à 3 0/0. Pour la seconde qualité, le produit
brut et net étant de 312 francs, imposée à 1 0/0,
3 fr. 12, ou par journal 1 fr. 04. Le produit net de cette
terre étant de 62 fr., se trouve imposé à 5 0/0. La troisième qualité, qui n'a qu'un produit brut sans bénéfice
net, soit 250 francs, imposée à 1 0/0, paie 2 fr. 50 ou
85 centimes par journal. N'ayant pas de produit net,
l'impôt atteint le cultivateur propriétaire, et le ruine.

L'impôt foncier est donc progressif dans le sens de
la misère : il demande peu à celui qui a, et beaucoup à
celui qui n'a rien. De là vient l'impossibilité d'établir
la péréquation, car la proportionnalité frappant toutes
les terres dans le produit brut, une augmentation de
cet impôt amènerait une protestation générale.

Il faut donc, pour donner à l'impôt la mobilité nécessaire que tout le monde réclame, baser la cote seulement sur le rendement du produit net. Le prix de loca-
tion des terres est consigné dans les baux ; voilà le point
de départ. Il serait bien inutile de refaire le cadastre,
qui ne donnerait de ce côté aucun autre résultat que
celui que nous indiquons. Et pour refaire le cadastre il
faudrait 50 millions de dépense et dix ans de travail.

La meunerie et l'agriculture.

L'industrie de la meunerie est divisée en deux classes :
1° le meunier qui travaille uniquement pour le commerce avec une grande exploitation et un outillage
perfectionné ; 2° et le petit moulin qui fait quêter dans
les villages pour alimenter son industrie. Ce n'est que
des premiers que nous allons nous occuper.

Si n'était la concurrence étrangère qui nous four-
nit blés et farines, la grande meunerie acquerrait bientôt un exorbitant monopole de fait, c'est-à-dire que
maîtresse absolue, elle achèterait le blé et vendrait
la farine le prix qu'elle voudrait; cultivateurs, bou-
langers, seraient à sa merci. Mais malgré la concurrence, le monopole de fait existe, elle est maîtresse
du marché français; le cultivateur ne sait jamais à
quel prix il vendra son blé; ici l'offre et la demande
n'existe que pour la forme; il en est réduit à consulter
la mercuriale formée par la meunerie; si elle est trop
basse, et qu'il ne soit pas pressé de vendre, il attendra
que la hausse apparaisse, autrement il vendra d'après
la cote.

Du temps de l'échelle mobile, il n'était pas rare de
voir dans l'espace de trois semaines, un sac de farine
hausser de 10 à 15 francs, et revenir peu à peu au
prix ordinaire; on appelait cela des coups de commerce. Aujourd'hui la hausse et la baisse s'opèrent
avec plus de modération, ce qui n'empêche pas les
mauvaises langues de dire que quand les marchands
de farine ont de grandes provisions à réaliser, ils vendent quelques sacs en baisse, et établissent par ce
moyen le prix du blé qu'ils veulent acheter.

Que mes observations soient faites avec plus ou
moins de justesse, il résulte toujours que c'est le haut
commerce qui établit les prix du blé; sauf quelques
variations locales, tout vient aboutir à la cote, laquelle
se base sur les offres de l'étranger et les arrivages;
mais souvent ces causes sont invoquées pour masquer
le jeu d'une fausse spéculation et de l'agiotage.

Quoi, quatre millions de cultivateurs, quand il s'agit de la vente des céréales, en sont réduits à accepter l'offre sans pouvoir formuler la demande! Mais ils sont au-dessous du salariat, à qui la demande est inconnue, mais qui réagit en se mettant en grève. La seule liberté du cultivateur est, dans la vente des bestiaux, où le prix est débattu par l'offre et la demande, ce qui établit pour le moment le prix et le cours de la vente.

CHAPITRE IV

SOLUTION DU PROBLÈME SOCIAL

La mutualité et l'esprit de la législation.

Après avoir montré aux chapitres précédents, soit pour la valeur, le crédit, la propriété, etc., que chacune de ces lois nécessaires à la production de la richesse engendrait dans son application un principe contraire de misère et de désordre, il nous reste à faire voir comment, tout en conservant ces principes ou ces lois, nous espérons, à l'aide de la législation, basée sur l'idée de justice, concilier tout intérêt et supprimer ce qu'elles ont de dangereux et de subversif.

Si, comme le prétend la routine économique et l'égoïsme satisfait, cette conciliation était impossible, on pourrait dire que l'espèce humaine ne s'est formée en société que pour se dévorer, et que la nature n'aurait fait que la moitié de son œuvre, ce qui est inadmissible. Mais la société n'est pas un vain mot; qui dit société dit solidarité. Et si l'antique contrat qui devait unir les intérêts renferme quelque clause léonienne, la revision s'en impose de droit. N'avons-nous pas la raison et l'expérience? Avec la raison, la justice aura l'empire du monde!

La société a un but constant : réaliser le bien-être pour tous à l'aide de la justice et de la liberté. Mais comme la production de la richesse est souvent due à l'initiative individuelle, celle-ci, pour se payer de cette initiative, accapare le monopole ou réclame un majorat perpétuel. Voilà donc la société aux prises avec la liberté qu'elle invoque. Mais si elle ne peut vaincre la difficulté, elle la tourne en appelant la concurrence, en fondant des institutions de crédit, frappant par l'impôt, le privilège, etc. La liberté s'introduisant partout, a fait tourner toutes choses à son profit ; la lutte menace de s'éterniser, et la conciliation paraît impossible.

Arrivent alors les réformateurs, qui, dans de savantes critiques, montrent que cet antagonisme est la source de haines envieuses qui amènent les révolutions et les guerres, la chute des empires, la disparition des civilisations, la misère, la tyrannie et la rétrogradation de l'espèce humaine, etc. Supprimez cette liberté néfaste, que l'État soit comme notre père commun, lequel rendra à chacun selon sa capacité et ses œuvres, et le désordre qu'elle cause disparaîtra, en nous donnant la richesse et la paix.

Non, mille fois non, répond la société ; comme je tiens le faisceau des intérêts, je veux aussi être gardienne de la liberté qui les produit. Comme elle menace de rompre ce faisceau, je vais la socialiser, afin de la justifier ; en lui faisant déposer le bouclier de son égoïsme, et la rendant digne et juste, je la grandirai encore.

Mutualité réciproque entre deux ou plusieurs personnes.

Ceux qui ont écrit sur la mutualité, tout en constatant les heureux effets qu'elle peut produire par l'union des volontés individuelles, n'ont peut-être pas assez compris que la mutualité est contemporaine de la législation ; ou, mieux que cela, c'est l'esprit même de toute vraie législation, laquelle n'est que la réciproque des volontés individuelles transformées ou transportées des individus dans la collectivité sociale.

Il peut y avoir entre citoyens un esprit mutuel, un contrat mutuel, une assurance mutuelle, un respect mutuel, etc. Dans la société, le mot s'est transformé : c'est la législation. Et la preuve que ce mot de législation représente bien la RÉCIPROQUE COLLECTIVE, c'est qu'il n'y a et ne peut y avoir de législation mutuelle.

L'idée de contrat social que Jurieu a soulevée, dont Rousseau a parlé sans le comprendre, n'est que l'idée mutuelle qui doit former la législation, laquelle ne repose que sur l'idée de justice, et c'est à ce titre seulement qu'elle nous commande le respect des lois.

LÉGISLATION. — DROIT DE FAIRE LES LOIS. — Le plus grand bien de la société entière doit être le but de toute législation. (BOISTE.) En législation, comme en morale, le bien est toujours le mieux. (RIVAR.) La population d'un pays prouve sa sagesse dans l'esprit de sa législation. (MOÏSE.) *Dictionnaire de Bescherel.*

En France, l'esprit de législation ne va guère plus loin que l'intérêt privé. Le seigneur et le manant, le haut commerce et le regrattier, la basoche et ses clients, les offices publics et leurs clercs, le curé et son bedeau, sont sous ce rapport aussi avancés l'un que l'autre ; ils sont comme la culture : ils feraient des lois pour augmenter le prix des messes et faire venir l'eau à leur moulin.

L'ancienne mythologie nous enseigne que l'âge d'or sous le règne de Saturne au ciel, est la figure de la législation de la justice sur la terre. L'âge d'argent, l'âge d'airain, dont l'âge de fer résulte, ont rendu l'homme méchant, égoïste et malheureux. L'humanité, n'en doutons pas, devait parcourir ses stations avant d'arriver au calvaire. Mais la descente de la montagne doit s'opérer sans douleurs, car l'expérience lui a fait retrouver la lumière qu'elle avait perdue, et cette lumière, c'est la justice.

Si, comme le dit Moïse, la sagesse d'un peuple se prouve dans l'esprit de sa législation, on serait tenté de dire que nous ne sommes guère sages. Mais Moïse, comme toutes les races sémitiques, était pour l'immobilisme si cher aujourd'hui aux tribus arabes.

Mais nous, race de Japhet, nous avons marché tous à la conquête de la richesse et du bien-être, comme une armée marche à la conquête et à la gloire ! Il nous faut encore marcher à la conquête de la justice. Le butin est la part du soldat comme du général ; et sans l'esprit de solidarité, pas d'armée, pas de société.

Que l'opinion s'imprègne de cet esprit, et notre législation se transformera. C'est donc l'idée du bien-être général qui me fait (moi, le plus infime des mortels) essayer d'en formuler l'application dans l'industrie, les transactions, le crédit, l'impôt, etc., par la législation même.

La plus-value et la puissance de l'impôt.

La plus-value ou rente, résulte, soit des instruments du travail, du sol, des immeubles, etc., lesquels, placés dans des conditions plus favorables les uns que les autres, rendent avec les mêmes frais ou à travail égal, des produits plus ou moins abondants.

Ainsi, dans une ville, une maison située dans un quartier populeux et passager, peut rapporter 30 0/0, tandis que la même maison, dans un quartier excentrique, rapportera à peine 5. Cette plus-value de 25 0/0, formée par l'agglomération de la population et par la facilité des affaires, est ce qui constitue en faveur du propriétaire, la plus-value ou aubaine dont il profite seul, et qui n'en est pas moins, comme la plus-value foncière, produite par la collectivité qui la paie, et dont la jouissance *complète* ne peut s'éterniser sans devenir injuste.

Pourquoi la loi n'autoriserait-elle pas les municipalités à opérer par l'impôt une reprise proportionnelle de..... sur les maisons à grand rendement, afin de former le budget municipal sans le secours des octrois qui frappent sur la consommation.

Les plus-value que produisent les inventions du génie, ne sont privilégiées que temporairement, par les brevets d'invention, et font retour à la société. Pourquoi les autres privilèges s'éterniseraient-ils ?

Les reprises que l'on peut opérer par l'impôt, sur les plus-value, ainsi que sur la vente de la chose qui la produit, sont de droit social. L'effet que produirait cette reprise serait considérable : elle arrêterait les spéculations qui par d'habiles mutations escomptent l'avenir au détriment de la société, comme on le voit dans les grandes villes par l'agiotage sur les terrains à bâtir, dont l'exagération du prix n'a pas peu contribué à l'augmentation des loyers.

Il est nécessaire de distinguer les plus-value formées par la collectivité sociale, et de ne pas les confondre avec le produit net des industries et entreprises de toutes sortes, qui forment la production, et qui servent à la création de nouvelles richesses. Et si un jour, dans la tendance sociale à la péréquation des fortunes, on opère par l'impôt la reprise d'une partie de ces plus-value, on se gardera bien de ne point affecter le bénéfice net du travail, et d'arrêter le stimulant qui est le moteur de toute activité et la source de toute richesse, mais qui, sous l'influence toujours croissante de la mutualité, perdra incessamment tout effet agioteur et subversif.

Il existe à Paris un engouement pour les grandes maisons de nouveautés, qui a été formé par des réclames variées et dispendieuses, et qui consiste à établir à l'intérieur des magasins des musées de tableaux, des cabinets de lecture, des buffets, lesquels, en occupant et distrayant l'esprit, finissent aussi par donner du confort à l'estomac des acheteurs.

Il n'y aurait rien à dire si le public y trouvait le VRAI bon marché. Dans la masse des affaires, malgré le sacrifice qu'elles font de certains articles, il est reconnu par les gens compétents qu'elles ne vendent pas moins cher que les petites maisons. Dans le commerce, la di-

vision du travail n'a plus le même effet que dans l'industrie, où vingt ouvriers concourent à la production
d'une seule épingle. Un marchand achète en fabrique
plusieurs articles, les vend avec l'aide de sa femme et
de sa fille. Ce qui fait les affaires d'une maison, c'est
la vogue ; mais plus la vente s'étend, plus il faut d'employés pour vendre le même article ; le chiffre d'affaires augmente avec les frais. Il n'y a pas création
de richesse pour la société, mais seulement pour le
spéculateur.

L'effet qu'ont produit dans le commerce ces vastes
agglomérations, a été l'accaparement des spécialités,
la destruction des petites et moyennes maisons. Et le
plus triste, c'est de voir ces masses d'employés enré-
gimentés, et qui, comme les serfs du moyen âge, n'as-
pireront plus à l'autonomie.

Il faut donc, par un moyen légal, obliger ces grands
mastodontes de la spéculation à associer leurs employés
et les rendre propriétaires de la chose avec leur patron ; ou sinon, appliquez-leur, comme aux bouti-
quiers, l'impôt proportionnel des patentes de première
classe sur chaque spécialité qu'ils ont accaparée, et
vous les verrez fondre comme les neiges d'antan ; et
le moyen commerce se reformera, ainsi que la liberté
pour l'employé de pouvoir s'établir.

Mais il y a mieux à faire : il faut conserver ces magasins, et même les protéger, en les invitant à se
former en associations commerciales imprégnées de
l'esprit de la mutualité, vendant leurs marchandises
en chiffres connus, avec la marque du prix coûtant et
du prix de vente ; et en supprimant leurs vaines et

onéreuses réclames, elles pourront réaliser d'énormes
bénéfices en vendant les marchandises au public à
10 0/0 au lieu de 30 qu'elles vendent aujourd'hui.

L'épargne par l'impôt.

DIALOGUE DE L'USURIER PHILOSOPHE ET DU MUTUELLISTE.

L'Usurier. — J'ai compris que la mutualité, en disciplinant la liberté économique, pouvait donner la sécurité et la richesse à la société; que si l'individu
perdait la liberté de duper, il jouissait de celle de ne
l'être pas. C'est-à-dire qu'un homme pour sa consommation de toute sorte, soutient des rapports avec plus
de vingt producteurs; et du fait de la mutualité, ils
lui garantissent la qualité et le bon marché de leurs
produits; il est donc par cette garantie, dix-neuf fois
plus libre de n'être pas volé, bien qu'il perde une liberté : celle de ne pouvoir voler les autres.

Sous ce régime de mutualité, la concurrence, le monopole perdent leur effet subversif; la valeur des choses
se forme librement, car l'offre et la demande ne servira plus qu'à provoquer une conciliation entre le
vendeur et l'acheteur. L'esprit nouveau de la législation peut réaliser tout cela. Mais où je vous attends,
où vous n'êtes plus dans le vrai, c'est pour le crédit
mutuel. Comprenez que la rente de l'argent est le ré-
servoir des capitaux, et si vous tarissez cette source,
que nous prélevons sur la masse de la richesse, et qui,
par notre économie, sert à former de nouveaux prêts,
vous ne pouvez créer aucune institution de crédit ; ou
bien il faudrait que les capitalistes fussent assez dé-

bonnaires pour prêter leur argent pour rien. Ils ne le feront pas.

Le Mutuelliste. — Nous avons trouvé ce créancier débonnaire : c'est l'État.

L'Usurier. — L'État a un budget de plus de trois milliards qui ne lui suffit pas encore, puisqu'il emprunte périodiquement ; que peut-il donner pour former votre caisse de crédit mutuel ? Vous êtes tombé, ici, dans l'utopie.

Le Mutuelliste. — Vous avez raison. La mutualité ne se peut appliquer qu'après la liquidation sociale ; et avant cette opération on ne saurait opérer aucune réforme. La société féodale a eu en 89 sa liquidation ; la bourgeoisie aura ou fera la sienne. Aujourd'hui, l'État sans contre-poids va à la dérive, et par ses emprunts successifs marche à la banqueroute et nous menace d'une effrayante crise. Comme la mutualité devra transformer le monopole, elle transformera l'État, c'est-à-dire le gouvernement ; la législation dira : le gouvernement n'est que l'exécutif, il applique les lois que je fais ; c'est une administration tout comme celle d'une banque, et autres. Les frais de l'administration publique étant évalués à 6 ou 800 millions, voilà la part qui vous revient. L'impôt que je vous autorise à percevoir pour solder vos services, n'est plus un tribut ou une contribution, mais « un échange ».

L'Usurier. — C'est juste, le gouvernement aurait une dotation fixe, et on pourrait assimiler ses services à un échange ; tout cela se réalisera sans doute, mais

ne donne pas d'argent à votre caisse de crédit mutuel.
Vous parlez à la légère de l'impôt réduit, comme lors
de la liquidation Ramel. Nous avons le budget de la
guerre, que vous ne pouvez supprimer, et que vous
passez sous silence. Aujourd'hui, ce n'est plus comme
au temps du premier empire, qui, à l'aide de la victoire, le prélevait sur l'étranger. C'était la guerre qui
payait. Nous en avons su quelque chose en 1870.

Le Mutuelliste. — Puisque vous admettez la nécessité d'une liquidation et l'esprit de la mutualité, ré-
fléchissez que l'Europe attentive ferait aussi sa révolution pacifique, et un désarmement général s'ensuivrait;
car la source des guerres, comme des révolutions,
provient de la misère de chaque pays, et cette misère
crée un antagonisme entre les nations qui sont toujours
prêtes à se ruer les unes sur les autres. L'avenir, a dit
M. de Moltke, est aux peuples qui ont faim !

L'Usurier. — Je commence à comprendre, mais je
ne vois toujours pas d'argent dans la caisse.

Le Mutuelliste. — N'avez-vous pas dit que la rente
que vous receviez était prélevée sur la masse de la
richesse de la nation? Du fait de la liquidation sociale,
le bien-être du peuple serait doublé; il pourrait pré-
lever sur lui-même un impôt pour former une caisse
de crédit civil à long terme, ainsi qu'une caisse de retraite pour la vieillesse. Les services publics étant évalués à 800 millions, si l'impôt prélevait comme aujourd'hui 3 milliards, le peuple ou la nation réaliserait
une économie annuelle de 2 milliards 200 millions, qui,
pendant dix ans ferait un capital de 22 milliards au

service du peuple, lesquels il aurait économisé lui-même. L'impôt serait l'épargne de la nation, et aujourd'hui il la dévore.

Liquidation sociale.

L'Usurier philosophe. — Je suis converti à l'esprit de la mutualité, et si c'est là le socialisme scientifique, j'en suis. Et comme vous l'avez dit, l'épargne individuelle pourra trouver sa place dans la commandite.

Une réflexion me vient. Vous me faites admettre tout à l'heure la nécessité de la liquidation sociale; mais avec quoi solderez-vous la dette de l'État? Indemniserez-vous les monopoles? La justice est gratuite en France; mais supprimerez-vous sans indemnité les énormes frais que perçoivent ceux qui la mettent en mouvement, etc. Je suis philosophe, éclairez ma raison, afin de tranquilliser ma conscience. Vous n'admettez pas la banqueroute, quels moyens emploierez-vous? On ne peut soulever cette idée sans toucher à tous les intérêts de la nation. La question me paraît si complexe et si embrouillée, que dans mon imagination je compare la société à un bouc qui aurait la tête et les cornes prises dans un épais fourré d'épines, ne pouvant, malgré tous ses efforts, avancer ni reculer.

Le Mutuelliste, — En effet, la question est complexe, car la plus grande partie de la richesse est à ceux qui réclameront une indemnité, et ceux qui devront la payer ont les mains vides.

Puisque les classes dirigeantes, en administrant la société, ont endetté la nation et bien fait leurs affaires,

elles pourront donc payer la dette, et à cet effet seront autorisées à s'entendre entre elles, à se syndiquer
pour en opérer avec justice la liquidation.

Cette opération se ferait sans aucune participation
de la classe moyenne, ni des classes ouvrières. N'y a-t-il
pas assez de millionnaires, qui peut-être par esprit de
philanthropie (ou à l'imitation de l'aristocratie anglaise,
qui cessant d'avoir recours à de nouveaux impôts, ou
aux emprunts, sait s'exécuter à l'occasion), s'empresse-
raient d'en finir et de réaliser cette bonne œuvre. N'a-
vons-nous pas aussi, d'après le droit moderne, le pouvoir
d'utiliser aussi les biens de main-morte?

Quant aux monopoles industriels, d'aucuns doivent,
de par la loi, rentrer au domaine. D'après les cahiers
des charges, on peut même les racheter. D'autres, en
vendant leur matériel aux compagnies ouvrières, rentreront par annuités dans leurs fonds. Pour les offices
ministériels, une transaction peut s'opérer, en portant
par exemple à cinq ans l'expiration de leur privilège,
ou si le législateur le juge nécessaire pour la garantie
et la sécurité publiques, il concédera temporairement
ce privilège, en révisant les tarifs actuels au point de
vue de l'intérêt mutuel.

Assurances mutuelles.

On a calculé qu'en France, par l'assurance mutuelle,
on pouvait assurer les cinq principaux risques : incendie, grêle, gelée, inondation, épizootie, aux prix
que demandent actuellement pour le seul risque d'incendie les compagnies d'assurances, soit en moyenne

60 centimes du mille. Aujourd'hui l'assurance grêle coûte 10 francs, et n'assure pas les localités sujettes à ce risque. Ce prix de 60 centimes porterait à 2 fr. 40 du mille le prix de l'assurance des quatre risques, et avec 24 francs un cultivateur pourrait assurer pour 10,000 francs de céréales et de bestiaux.

Quatre années de mauvaises récoltes sur dix ne sont pas rares. Il n'en faut pas tant pour faire sombrer la barque du cultivateur quand déjà elle est endommagée par l'écueil de l'hypothèque. S'assurer mutuellement contre les risques de non récolte, vaut bien la peine pour l'agriculture de regarder par là.

Dans une conversation que j'ai eue avec M. Langlois, député de Seine-et-Oise, il me fit part qu'il avait déposé à la Chambre un projet d'assurance mutuelle agricole; mais je crois, dit-il, que mon projet n'aboutira pas. Napoléon III, qui avait plus de poids que moi, avait aussi tenté (mais vainement) de doter le pays d'assurances mutuelles. D'autre part, on m'a affirmé à ce sujet, que le gouvernement impérial, sous l'inspiration de l'empereur, avait fait étudier par un chef de division au ministère d'État, un projet complet d'assurances générales, basée sur la mutualité. Il paraît que cela scandalisa les gros magots des compagnies, et chez elles la rumeur fut si grande, que le projet en est resté dans les cartons. Ç'est comme si les compagnies avaient dit à l'empereur : « Sire, nous vous abandonnons la politique, laissez-nous l'économie, les assurances sont notre propriété. »

Voilà bien l'impuissance démontrée des gouvernements forts par la séparation de l'économie sociale et de la politique, ces deux choses étant les pôles de l'ordre dans la société.

Le législateur supprimera les assurances à prime fixe, et établira un système général d'assurance mutuelle, dont nous venons de démontrer l'avantage pour la culture. Mais, dira-t-on, et les compagnies? Devant l'opinion et le législateur elles feront leur nuit du 4 août.

Crédit mutuel agricole.

Nous avons démontré, page 60, comment se forme la rente foncière par la plus-value des différentes qualités de terre. On estime que pour la France cette rente est de 1,800 millions. L'impôt n'affecte cette rente que de 118 millions.

On signale beaucoup de terres de qualité supérieure dont la cote trop faible n'est plus en rapport avec leur rendement. Si la cote était mieux répartie, l'impôt foncier pourrait rendre 200 millions de plus qui seraient supportés facilement par les terres de première et deuxième qualité.

Que le législateur économiste fasse que les terres de qualité supérieure viennent au secours des terres de qualité inférieure, en se servant de ces 200 millions pour créer une banque de crédit mutuel agricole, cela ne coûtera rien à personne.

Pour venir à l'appui de cette proposition, je vais rapporter l'idée d'un huissier de campagne, relativement à sa profession : « Nos études font à peine leurs « affaires malgré un labeur continuel : en ville il y en

« a qui produisent annuellement 15,000 francs de bé-
« néfice net. Il serait juste que la chambre des huis-
« siers frappe une taxe sur ces études, proportionnelle
« au bénéfice, afin d'indemniser celles qui font à peine
« leurs frais, car nous contribuons aussi bien qu'elles
« aux services publics. » — Mais, lui dis-je, vous
faites du socialisme. « — Non, dit-il, c'est de la jus-
« tice. » Cet homme avait l'esprit de la mutualité pour
sa profession. Et cet esprit se manifeste ISOLÉMENT dans
tous les rapports sociaux.

Le législateur décrète :

1° Il sera créé une banque de crédit agricole basé
sur la mutualité, dont le capital sera pour une partie
formé par la rente foncière, à titre de reprise de la
plus-value des terres à grand rendement, ou de qualité supérieure.

2° Cette reprise sera de 200 millions par an, et servira pour les prêts à long terme, dont le rembourse-
ment s'opérera par annuités, et sera garanti sur les
immeubles.

3° La banque est autorisée à émettre annuellement,
jusqu'à concurrence de 400 millions, du papier fiduciaire semblable au billet de banque, qui sera garanti
par première hypothèque sur la propriété foncière et
mobilière. Ce papier fiduciaire ne servira que pour les
prêts à courte échéance : 3, 6, 9 mois au plus.

4° Les prêts à long terme ne pourront dépasser la
moitié de la garantie.

5° Les avances à courte échéance n'excèderont pas
la dixième partie de la garantie mobilière et immobilière.

6° Le droit ou intérêt perçu ne peut excéder les frais de l'administration de la banque, qui rend ses services mutuellement et à prix de revient. Ce droit est fixé provisoirement à 0 fr. 75 0/0 l'an.

Je n'ai pas à dresser ici les statuts d'une banque, mais au cas de non payement, elle aurait le droit de faire procéder à la vente des meubles, immeubles, etc., par simple ordonnance du juge de paix, les frais de saisie supprimés, réservant seulement les honoraires d'huissier.

Nous pensons que le crédit agricole peut se constituer de suite sans aucune perturbation, puisqu'il est pris sur la rente de la terre, qui est un don gratuit de la nature, et que le consommateur paie, etc. Quant au crédit civil gratuit, ou à prix de revient, il ne peut en être question pour le moment, car si nous avons trouvé le créancier débonnaire, page 74, il n'est pas encore né, c'est à l'opinion à en préparer la venue.

Création du monopole légal de la meunerie.
Le pain à bon marché.

En déterminant, à la page 57, le prix de revient du blé, nous avons pensé que le cultivateur devait jouir de la liberté de le vendre à sa valeur. Définissant et démontrant que le monopole de fait dont fatalement la meunerie dispose rendait cette liberté impossible, page 63, comment sortir de cette difficulté? En frappant un droit d'entrée sur les blés, s'écrient à l'unisson les protectionnistes.

Nous avons dit, page 25, qu'avant de nous protéger contre les produits étrangers, il fallait dégrever les nôtres des frais parasites qui les affectent, qu'autrement la protection atteignait le consommateur. Et nous pouvons ajouter que les droits sur le blé ne soulageraient guère le petit cultivateur, qui a besoin de crédit et d'assurance ; ils ne profiteraient avantageusement qu'à ceux qui peuvent bien s'en passer. La liberté et la protection sont donc impuissantes à résoudre le problème.

Le législateur, considérant que la production et la vente des blés sont la base de l'alimentation publique ; que la liberté ordinaire, par la force des choses, est impuissante à résoudre le problème qui doit permettre au cultivateur de vendre son blé à *sa valeur;*

Arrête :

1° La meunerie commerciale est constituée en monopole *de* DROIT avec cahiers de charges, stipulant que le prix de revient d'un sac de farine sera la base du prix de vente.

2° Au cas où les blés étrangers seraient achetés par la meunerie meilleur marché qu'en France, il sera fait une compensation de l'un par l'autre pour établir le prix des farines.

3° Un bénéfice de tant 0/0, ou par sac de farine, sera fixé afin de rémunérer les compagnies de leurs services, et dont l'État entrera en part, proportionnellement aux frais de surveillance attachés à la chose.

4° Les comptes rendus de l'exploitation seront publiés à la clôture de chaque exercice.

5° Des syndicats agricoles établiront dans chaque région un tableau des terres de dernière qualité : 1° afin d'opérer le dégrèvement de l'impôt dont ces terres sont chargées; 2° le rendement moyen de ces terres sera la base pour établir la moyenne du prix des céréales; 3° le syndicat, avec le délégué des contributions foncières, établiront aussi un tableau pour marquer le rendement des terres de qualité supérieure, soit en prenant le prix actuel des baux, ou d'après l'estimation de leurs rendements comparés avec celui de la dernière qualité, afin de réviser sûrement les cotes, et d'établir plus équitablement la péréquation de l'impôt foncier.

Cette application de la loi à la mutualité, c'est la liberté à la troisième puissance : liberté pour le cultivateur de vendre son blé à sa valeur; liberté pour le consommateur de payer le pain bon marché; liberté pour la meunerie de travailler avec sécurité et bénéfice. C'est la fin de l'agiotage sur ce produit.

Argument. — Admettons que le prix moyen du blé soit chez nous à 4 francs et que la meunerie soit obligée, pour parfaire la consommation nationale, d'en demander un tiers à l'exportation, et que ces blés nous arrivent rendus à l'usine à 3 francs. Par la compensation cela porterait à 11 francs le prix de trois boisseaux, et mettrait le prix de l'un à 3 fr. 66. Le cultivateur aurait intérêt à vendre son blé et à acheter de la farine pour cuire son pain, et le public aurait toujours le pain à *bon marché.*

Monopole légal des chemins de fer.
Les transports à bon marché.

A l'échéance du monopole des chemins de fer en 1949 ou 50, ils rentreront au domaine de l'État. On embarrasserait fort nos députés et l'opinion, si on demandait dans quel esprit on pourrait les exploiter. Est-ce l'État? mais on sait que son exploitation coûte trop cher. Les affermera-t-on à des compagnies exploitantes? Mais avec les idées actuelles, l'affermage suppose que les compagnies fermières, peu soucieuses de l'intérêt général, tendront à réaliser les bénéfices les plus FORTS POSSIBLE. D'après les fusions, la concurrence n'étant pas possible, l'État fera comme il a fait pour les mines, la banque, etc., il concédera un nouveau monopole, et pour la centième fois l'intérêt général sera sacrifié à celui des compagnies.

Il nous restera sans doute la liberté politique, celle du parlementage, et surtout celle très nécessaire de la résignation. Mais on ne pourra plus dire la République des Français, on dira la République des compagnies et des monopoles. La féodalité nouvelle sera constituée.

Les transports doivent être considérés et faire partie des services publics, comme les postes, la Banque de France, etc., de l'exploitation desquelles l'État a la haute surveillance. Hé bien, à l'expiration de ces monopoles, pourquoi le législateur ne les purgerait-il pas de l'esprit agioteur qui les anime aujourd'hui, en les imprégnant de celui de mutualité qui leur manque.

Les voies de circulation rentrées au domaine, par le rachat, ou à l'expiration de leurs privilèges, les compagnies cessionnaires, de concert avec l'État, feront ce qu'elles pratiquent aujourd'hui : un inventaire général du matériel, une statistique pour l'entretien du matériel, des frais d'exploitation en général, etc.; on établit par ce moyen avec exactitude le prix de revient kilométrique d'une tonne de marchandise de 1,000 kilogrammes; ainsi de même pour le transport des voyageurs. Ces prix peuvent varier pour certains réseaux de 50 à 100 0/0; mais dans la moyenne générale, on arriverait comme dans les postes et télégraphes, à un prix de revient de 2 à 3 centimes par tonne et par voyageur.

Les compagnies financières n'existant plus, les employés actuels pourront se former en compagnies ouvrières, et traiter avec l'État qui leur ferait des concessions d'exploitation temporaire (soit cinq ans), pour les différents réseaux et à prix de revient. Mais pour parer aux éventualités, accidents, responsabilité, etc., on pourrait porter ce prix de 2 centimes à 2 centimes et demi, ce qui permettrait aux compagnies ouvrières de réaliser un bénéfice raisonnable, auquel l'État entrerait en part, afin de l'indemniser de la haute surveillance qu'il exerce sur l'industrie des transports.

I a mutualité, c'est les compagnies ouvrières disant au public représenté par l'État : Garantis-moi tous tes transports, PAR CONTRAT, et je te garantis le bon marché par le prix de revient. Voilà l'idée du contrat social définie en un mot : la mutualité.

Aujourd'hui, une tonne de marchandise parcourant 200 kilomètres au prix d'une série du tarif actuel, soit 8 centimes, revient à. . . . . 16 fr.

Avec le tarif à prix de revient, 2 centimes 1/2, la même tonne coûterait. 5

Différence. . . . . 11 fr.

Un voyageur parcourant 200 kilomètres au prix du tarif actuel, 7 centimes, paye.. . . . . 14¹ fr.

Le même voyageur, avec le nouveau tarif, dépenserait 5

Différence. . . . . 9 fr.

Les contrats et les cahiers des charges, qui constituent l'exploitation à prix de revient, seront annuellement révisables; si le bénéfice prévu pour un exercice était dépassé, il y aurait lieu de baisser les tarifs en proportion de cet excédent et *vice versâ*. Le bas prix des transports amènerait sans doute une augmentation du trafic; au lieu d'une hausse, c'est la baisse continue qui en résulterait, dont le premier résultat serait une augmentation de richesse pour la société de 200 0/0 sur les transports.

Du côté moral, autre avantage. Les employés de chemins de fer, embrigadés en mode autoritaire et féodal, seront hiérarchisés entre eux en mode mutualiste; c'est-à-dire que le roulement des grades, basé sur l'instruction professionnelle et la moralité, s'opérera dans chaque section à l'aide d'examens, où l'employé, dans sa division, pourra obtenir un diplôme (sujet d'émulation) et aspirer à son tour, à chaque mutation, au grade qui y correspond.

Pour arriver à ce résultat, il n'y a rien à démolir, mais à donner une direction nouvelle aux idées. C'est l'émancipation du salariat appliquée à une classe d'employés dignes à tous égards de fixer l'attention du législateur.

Le travail collectif.

Quand une injustice nous frappe, nous sentons naître en nous l'idée du juste. Si malgré notre labeur, le monopole nous appauvrit et nous affame, son aiguillon fait naître en nous le sentiment d'égalité.

On parle d'égalité, mais nous n'y croyons pas. La différence d'un homme à un homme paraît si considérable, qu'on croit ne jamais pouvoir réaliser l'égalité des conditions.

Si l'homme individuel est si peu de chose, il n'en est pas de même de l'homme collectif. Prenez une industrie quelconque, une filature, un tissage, une mine, là, chaque spécialité forme série, et l'homme dans la série de l'atelier forme unité. Supprimez une unité, la série est rompue; l'œuvre ne se réalisera pas.

Il y a donc dans la série qui compose l'atelier concours mutuel d'unités, pour la production d'une œuvre. Et la hiérarchie naturelle et légitime des grades et des salaires, n'empêche pas d'y découvrir l'égalité, donnée par le concours mutuel des différentes spécia'ités du travail. Il n'y a que notre présomption et notre ignorance qui nous empêchent de voir cela.

Quoi, ces spécialités et ces groupes, que la division du travail a formés, ne serviraient qu'à produire les immenses richesses dont nous jouissons! et l'ouvrier parcellaire serait toujours considéré par le monopole comme un outil, ou moins encore, un engrenage qu'on remplace quand il est usé, et dont le maigre salaire n'aurait d'autre but que de réparer sa force, tout comme l'emploi de la graisse sert à l'entretien de la machine.

Des populations entières, dans les districts manufacturiers du pays et dans les charbonnages en sont là. Leur position est pire que celle du serf du moyen âge, et n'a d'égale que l'esclavage, avec la misère en plus.

Dans la société primitive, ainsi que nous l'avons vu pour la tribu, il y a égalité de misère.

Le travail est donc la lutte contre la misère. Il s'organise par la propriété, par la division du travail, par la concurrence, etc.

« Or, il s'agit de savoir s'il n'est pas de l'essence
« de cette organisation, telle qu'elle nous est donnée
« dans l'économie politique, en même temps qu'elle
« fait cesser la misère des uns, d'aggraver celle des
« autres d'une manière fatale et invincible. Voilà dans
« quels termes la question du paupérisme doit être
« posée, et voilà comme nous avons entrepris de la
« résoudre.

« Que signifient donc ces commérages éternels des
« économistes sur l'imprévoyance des ouvriers, sur
« leur paresse, leur manque de dignité, leur igno-
« rance, leurs débauches, leurs mariages préma-
« turés, etc. Tous ces vices, toute cette crapule n'est

« que le manteau du paupérisme ; mais la cause, la
« cause première qui retient les quatre cinquièmes du
« genre humain dans l'opprobre, où est-elle ? La na-
« ture n'a-t-elle pas fait tous les hommes également
« grossiers, rebelles au travail, lubriques, sauvages ?
« le praticien et le prolétaire ne sont-ils pas sortis du
« même limon ? D'où vient donc, après tant de siècles
« et malgré tant de prodiges de l'industrie, des
« sciences et des arts, que le bien-être et la politesse
« n'ont pu devenir le patrimoine de tous ? D'où vient
« qu'à Paris et à Londres, aux centres des richesses
« sociales, la misère est aussi hideuse qu'au temps
« de César et d'Agricola ? Comment, à côté de cette
« aristocratie raffinée, la masse est-elle demeurée si
« inculte ? On accuse les vices du peuple ; mais les
« vices de la haute classe ne paraissent pas moindres,
« peut-être sont-ils plus grands. La tache originelle
« est égale chez tous ; d'où vient encore une fois que
« le baptême de la civilisation n'a pas eu pour tous
« la même efficacité ? Ne serait-ce point que le progrès
« lui-même est un privilège, et qu'à l'homme qui ne
« possède ni char ni monture, force est de patauger
« éternellement dans la boue ? Que dis-je ? à l'homme
« totalement dépourvu, le désir du salut n'arrive
« point : il est si bas tombé, que l'ambition même
« s'est éteinte dans son cœur. » P.-J. PROUDHON, *Sys-*
tème des Contradictions économiques.

Quels sont donc les remèdes que l'on apporte à cette
situation ? On propose l'association du travail et du capital par la participation dans les bénéfices. Ce dada
officiel peut bien se réaliser pour quelques industries,

car l'association ne s'exerce qu'en mode spéculatif ; ce n'est pas un principe de richesse sociale ; et vous n'y contraindrez personne sans attaquer la liberté.

Si un industriel occupant 200 ouvriers, et réalisant un bénéfice de 15,000 francs par an, offrait à ses ouvriers une participation de 10 0/0 dans les bénéfices, il en résulterait pour eux un avantage de 20 centimes par jour. C'est peu, mais c'est quelque chose, direz-vous. Sans doute, mais où il y a participation, association, il y a aussi responsabilité. Et si, dans le désordre de la concurrence anarchique, l'entrepreneur ou l'industriel ne réalisent pas de bénéfice, ou s'ils perdent de l'argent, ils entraîneront l'ouvrier dans leur ruine. Celui-ci préférera toujours la fixité de son salaire à l'aléa que vous lui offrez. Ou la participation sans la responsabilité ne sera qu'une augmentation de salaire.

Les compagnies ouvrières.

Les travailleurs, comme le commerçant et l'industriel, ont besoin et désirent la liberté. Et dans la production, la liberté c'est la possession des instruments de travail : la terre au paysan, l'outil à l'artisan, l'usine au travailleur, la mine au mineur, etc. Et tant qu'une liberté en empêchera une autre, il y aura des revendications, et finalement la guerre sociale.

On dit que M. Gaudin-Lemaire, grand industriel métallurgique, a cédé son usine à ses ouvriers (en en conservant temporairement la direction), lesquels se sont constitués en compagnies ouvrières. Admettons que dans la liquidation sociale, qui s'opérera un jour, le législateur reconnaisse comme nous venons de le démontrer, que la force principale d'une industrie est dans la collectivité de l'atelier; que le patron n'étant lui-même qu'une unité hiérarchique, sa liberté ne peut accaparer celle des ouvriers qui concourent avec lui à la même œuvre de production. Alors, l'opinion aidant, il arrivera que dans tout travail collectif, l'instrument du travail appartiendra à ceux qui le font mouvoir, comme la ruche appartient à l'abeille.

Qu'il reconnaisse aussi qu'en bonne économie sociale, la solde des services publics doit être, comme pour l'impôt foncier, une reprise sur la plus-value des monopoles. Percevoir, comme aujourd'hui, l'impôt où il n'y a pas de plus-value, c'est par une capitation empêcher l'épargne de l'ouvrier et prendre sur son nécessaire. Alors, de la reprise par l'impôt d'une partie de ces plus-value, les grands exploiteurs du travail seront amenés à céder leurs usines à leurs ouvriers. Et ce que l'honorable M. Gaudin-Lemaire a fait par philanthropie se réalisera pour toute industrie collective.

Mais il ne faut pas s'y tromper. Il y a une foule de petites industries pour lesquelles sans doute la division du travail est un puissant ressort, mais qui n'absorbent pas comme les grandes usines la personnalité de l'homme, et dont les travailleurs libres ne sont presque tous que des auxiliaires, travaillant tantôt ici, tantôt là; des usines dont les chômages momentanés éloignent les ouvriers pour une saison, et qu'un temps favorable ramène. Où la liberté existe, n'ayons garde d'y toucher.

La création des compagnies ouvrières dans toutes lés branches de la production nationale n'empêcherait point la liberté; et l'esprit d'entreprise pourrait se former soit pour les travaux publics ou tous autres. Les compagnies ouvrières légalement constituées, aidées par l'assurance mutuelle des risques, lestées par le crédit mutuel, pourraient, dans les adjudications publiques, faire concurrence à l'initiative individuelle. L'administration devrait toujours, à prix égal, donner la préférence aux compagnies ouvrières. C'est cet esprit qui inspire actuellement l'administration de la ville de Paris.

La commandite, comme nous l'avons démontré, pourra toujours se former pour la création de diverses entreprises. Réglée par la loi à l'expiration de son privilège, la société se transformera, comme nous l'avons vu pour les chemins de fer, en compagnie d'exploitation. Il n'y aura rien de changé, dans la pratique de la société, que la direction de l'idée pour la répartition équitable de tous les intérêts.

Fédération industrielle.

Les compagnies ouvrières, dans leur nouvelle organisation, vont-elles conserver l'esprit spéculatif et agioteur qui animait les anciens monopoles, et par une concurrence burlesque, chercher à s'entre-détruire, perdant ainsi les bienfaits de la liberté qu'elles ont si péniblement acquis? Si le législateur est intervenu en leur faveur, il doit aussi en garantir l'efficacité en cherchant à introduire dans les rapports d'industrie à industrie, le principe mutuel qui a servi à l'organisation des transports.

Une ou plusieurs industries, soit par exemple des filatures, se présentent sur le marché avec des tarifs à prix de revient, pour tous les numéros de leurs filés. L'offre et la demande ne portant d'abord que sur le bénéfice net, on arrivera facilement à une conciliation. La concurrence à son tour démontrera celle des filatures dont le prix de revient sera le meilleur marché. Alors la vogue, comme le bénéfice net, seront aux plus industrieux et aux plus habiles.

La loi de l'offre et de la demande sert aussi à constater la surabondance des produits, et peut en atténuer la valeur. Le bénéfice net, comme le prix de revient, peuvent se trouver entamés par la baisse et ruiner le producteur. Mais dans beaucoup d'industries, la fabrication ne s'opère qu'après la vente faite sur des types convenus ou des échantillons. Le régime des contrats, marchés à terme commissions, etc., serait le régulateur de la production normale.

Que des marchés, des contrats s'établissent entre filateurs et tisseurs ou toute autre industrie, spécifiant une garantie de prix et de qualité pour l'acheteur, et un placement de produit rénumérateur pour le vendeur, vous moralisez la fabrique et le commerce; et comme tout s'engrène et se répercute dans la société, vous aurez établi par le régime des contrats, la fédération industrielle.

La marque de fabrique.

La marque de fabrique que le législateur doit tenter de généraliser, en distinguant les produits similaires, garantira le producteur et l'acheteur des imitations frauduleuses. Tout produit doit aussi désigner la qualité et la contenance, sous peine de suspicion. Le secret est l'âme cauteleuse du commerce. Que l'administration publique établisse pour tous les produits classiques, une mercuriale du prix de revient et de la qualité des matières employées dans leur confection ; alors ce qui est arrivé pour l'épicerie (à peu près le bon marché) arrivera pour toutes les autres branches du commerce. Il n'y aura qu'à laisser faire la boutique, et si elle n'est pas fidèle, les consommateurs se syndiqueront pour l'achat de leurs produits.

L'esprit de la marque de fabrique (déposée) est, avons-nous dit, une garantie pour le producteur et le consommateur. Le dépôt de cette marque désignant la qualité, engage le fabricant, non pour le prix qui peut varier, mais pour sa fidélité à le livrer tel qu'il l'a déclaré ; et s'il falsifiait ou dénaturait la qualité, il pourrait être poursuivi comme escroc.

Comme ancien ouvrier tailleur, j'ai conservé, par amour de mon métier, l'habitude de faire mes vêtements. Dans les fournitures de mercerie que j'emploie, j'ai remarqué le fil au Chinois comme de bonne qualité, portant sur la marque 50 mètres garantis, et toujours le nombre de mètres inscrit se trouvait dans chaque pelote.

La concurrence anarchique arrive, on innove des étiquettes splendides ; on offre au marchand une remise plus forte sur chaque boîte. Le mercier délaisse et ne veut plus vendre le fil au Chinois, qui offre qualité et sécurité, et cet article est remplacé par d'autres marques sans garantie de contenance, mais avec moins de métiage. L'acheteur est dupé et le mercier est infidèle.

Innovations à opérer
dans le mode des transactions.

Dans les anciennes corporations, le droit de maîtrise était un privilège que difficilement le compagnon pouvait atteindre. En remplaçant la maîtrise par la liberté, le résultat a été le même. Et pour me servir d'un terme employé par M. Mazaroz, « la colonne patronale » écrase de tout son poids « la colonne ouvrière ».

Comment l'édilité parisienne n'a-t-elle pas cherché dans la sollicitude qui l'anime, à protéger les nombreux artisans de la capitale contre le mercantilisme patronal en mettant à la disposition de ces intelligents artisans, le Palais de l'Industrie qui pourrait leur servir à l'exposition et à la vente de leurs produits.

L'ébénisterie, l'article de Paris, et quantités de produits manufacturés, auraient été ainsi dégrevés des frais des intermédiaires, et auraient pu soutenir avec plus de facilité la concurrence étrangère.

P.-J. Proudhon, dans son *Projet d'exposition perpétuelle pour la vente et l'échange des produits*, a montré ce que pourrait, pour le bien-être du peuple, une semblable création :

« Réduction de 25 à 30 0/0 sur les frais des transactions, et augmentation proportionnelle de la consommation. De là une demande plus considérable de
travail, et cessation du chômage. »

Un Palais de l'Industrie comme était celui du
Champ de Mars, pouvant peut-être contenir plus de
cent mille échantillons, voilà cent mille fabricants qui
n'ont plus besoin de boutique, et dont le nombreux
personnel rendu au travail contribuerait à l'augmentation de la production, et en dix ans, sous ce régime,
les 14 milliards de richesse que nous avons à consommer annuellement s'élèveraient facilement à 20.

Quoi, nous avons sous la main des palais, des
docks, des magasins généraux dont nous avons payé
les frais, et qui ne serviraient qu'à grever de 25 0/0
les produits? Et les classes travailleuses ne sauraient
faire tourner toutes ces choses à leur avantage, c'est-
à-dire au profit de tous?

Aux Travailleurs !

On est frappé de stupeur et de tristesse, quand on voit que la liberté de la presse, le droit de réunion, ne servent encore aujourd'hui qu'à animer le fanatisme politique, et nous rendent étrangers à l'économie sociale.

Citoyens travailleurs, l'intelligence véritable n'est que chez ceux qui savent produire. Toute votre force est dans l'organisation que vous saurez vous donner. Le régime actuel, tout défectueux encore, peut vous permettre de réaliser d'immenses réformes. Pensez au crédit, à la mutualité, à la législation ; syndiquez-vous, pétitionnez, demandez, réunissez-vous, et que dans vos clubs, la politique ne soit que le moyen d'appliquer les principes de l'économie sociale ; et le socialisme, qui n'est encore qu'un mythe, deviendra une réalité !

ESPRIT DE MERCANTILISME.

Le grand obstacle, en France, à la diffusion des idées de l'économie sociale, est l'esprit prépondérant du mercantilisme, qui a envahi toutes les classes de la société. Cet esprit indisciplinable est l'esprit même du jeu, de l'aléa et des gros bénéfices. C'est la foi punique

7

que Rome avait anéantie, et qui a inauguré son règne
parmi nous. Avec cet esprit, la patrie est partout où
il y a du trafic. On se rappelle les scandales donnés
par certains fournisseurs en 1870.

Mon fils, nous dit ce cultivateur ou cet artisan, est
trop intelligent pour faire un ouvrier ; le commerce ou
les bureaux lui conviennent mieux. La politique aussi,
par l'appât des emplois et des sinécures, attire à elle
les déclassés du travail. Et pour tout ce monde, il
n'y a souvent qu'un emploi à occuper pour deux sol-
liciteurs.

Il est de nécessité, pour l'ordre social, que les pouvoirs publics favorisent la création de comptoirs qui,
en simplifiant les transactions, refoulent cet esprit qui
domine parmi nous, et afin de restaurer le prestige dû
au modeste travailleur.

Ce qui a fait la force de la roture, dans le moyen
âge, et préparé la chute de la noblesse, c'est l'idée
du travail dont étaient animées les corporations. Ce
qui annule aujourd'hui dans la classe moyenne l'idée
du progrès, c'est l'esprit du mercantilisme.

CHAPITRE V

LA MORALE HUMAINE

Si nous pensons ramener l'ordre dans l'économie de la société, en harmonisant les lois économiques par l'idée de justice, nous devons démontrer que la garantie de cette idée repose et est immanente en l'homme ; car si cette notion lui était étrangère, la morale serait précaire, et des ferments de dissolution agiteraient toujours l'humanité.

Anarchie des idées dans la morale.

Nous sommes dans un siècle de raison. Nous raisonnons tous de politique, de morale, de religion, d'économie, etc. Mais je ne crois pas possible de trouver trois personnes qui s'entendent sur chaque chose, même dans le moindre des détails.

De morale, comme nous n'en avons guère, on en raisonne peu, tout en en parlant souvent. Tout le monde est d'avis que la religion est indispensable à la jeunesse et enseigne à bien faire. Mais on dit aussi que les prêtres nous enseignent bien ce qu'il faut faire, mais qu'ils ne le pratiquent pas. Or ajoute même que la religion, nécessaire à la jeunesse, ne sert dans l'âge

mûr qu'à masquer notre hypocrisie. On traite de jé-
suite celui qui paraît la pratiquer. Voilà qui est grave,
car le bon exemple dans les mœurs vaut mieux que
tous les signes extérieurs ; et il a l'air de faire défaut à
ceux qui l'enseignent, comme à ceux qui la pratiquent.

Enfin, ce tout le monde changeant de thèse, dit : la
plus belle morale est celle de la conscience. Il réplique
aussitôt qu'il est plus facile d'en parler que de la voir
fonctionner.

Dites-lui que si tous les hommes ont en eux le sentiment des passions matérielles, on pourrait rendre ces
passions légitimes en les dirigeant par le sentiment de
justice, et que c'est ainsi qu'il faut instruire la jeunesse. Hilarité. Et de répliquer aussitôt : Il y a des enfants bien élevés qui tournent mal ; d'autres qui, livrés
à eux-mêmes, se conduisent bien. La conclusion est
que chacun suit ses penchants naturels. Et comme
M. Dumas fils dirait : « Si la nature a mis en nous la
justice, nous la possédons, et si elle ne nous l'a pas
donnée, nous ne l'avons pas, et rien ne peut nous la
donner. »

De cette anarchie des idées, on peut conclure qu'avec
nos religions, nos lois, nos codes, nous n'avons pas de
morale, et que nous sommes comme la bête, sous l'empire de la matière.

Sentiment de la dignité personnelle.

Tout d'abord, l'homme est mû par les sens. L'intelligence et la liberté dont il se sert, le portent à abu-
ser de lui-même et à pécher contre ses semblables.

Pour rendre sociable un semblable personnage, on n'a encore imaginé rien de mieux que de le dominer par un fait extérieur, la crainte ou la force ; et on lui a dénié toute autonomie.

L'homme est double de sa nature, il est tout à la fois esprit et matière. D'un côté, par les sens, il tient à l'animalité ; de l'autre, par la raison, il les domine et devient maître de lui ; là est sa spiritualité.

Qu'est-ce donc qui porte l'homme à la raison ? C'est le sentiment intérieur de la conscience, de la liberté et l'idée de justice par lesquels il se distingue des animaux. La bête tend par instinct à la liberté, mais sans raison, elle reste fatalement attachée à la servitude des sens. L'homme, par sa conscience et sa liberté, peut se diriger. Là est le principe de sa dignité. Qu'une parole virile rappelle l'indifférent au devoir, à sa dignité, aussitôt la conscience se réveille et le transforme.

En Égypte, Kléber releva le moral de ses troupes, qui, fatiguées, harassées, découragées, abandonnaient les malades et les blessés, en leur disant : « Vous n'êtes plus des soldats ! » — « Comment, général, nous ne sommes plus des soldats ! » Ils découvrirent leurs blessures. Kléber répond : « Quand le soldat a faim, il ne mange pas ; quand il a soif, il ne boit pas ; s'il ne peut marcher, il porte son camarade blessé. » Vive Kléber ! cria-t-on, et l'armée porta ses malades.

Il faut, pour produire un pareil effet sur l'homme, individuel ou collectif, qu'il ait en lui le sentiment de sa conscience, de sa liberté et la notion de sa dignité. Et le développement de ces notions le rend vérita-

blement autonome, capable de vivre en société, sans
être dirigé par la crainte ou la force. Voilà donc
l'homme moral constitué et mis sur le chemin du
progrès et de la justification.

Le matérialisme ou le naturalisme, en rejetant le
spiritualisme divin comme superstition et peste de
l'esprit, niant en même temps l'efficacité de la conscience, finit par nous enseigner que l'homme a autant de droits naturels qu'il a de sensations à satisfaire ; que la liberté n'a de limite que la liberté d'autrui ;
que la vertu et le mérite ne sont que des mots de
convenance qui servent à désigner une chose plutôt
qu'une autre. Le résultat pratique de cette doctrine du
naturalisme moderne est que l'homme pourra dire :
Cette femme me plaît, n'ai-je pas le droit naturel de
satisfaire mes penchants, et pour le réaliser, il deviendra séducteur, tentateur, finalement bohème.

Oui, l'homme a le droit de satisfaire ses inclinations
pourvu qu'il les pèse au trébuchet de sa conscience.
Ainsi, en amour, il dira : J'ai le droit d'aimer et d'être
aimé ; mais il est juste que je respecte la sœur de mon
camarade, comme j'ai le droit d'exiger qu'il respecte
ma sœur. Époux, je respecterai la femme de mon ami,
comme je veux qu'il respecte la mienne ; avant tout je
serai juste.

Quoi, je réclamerais d'autrui ce que je n'ai pas le
courage de lui donner? Mais c'est lâcheté? En affir-
mant mon droit, j'ai le devoir de reconnaître le sien.
Ma conscience me commande, je serai digne.

Le christianisme, en assimilant la dignité personnelle à l'orgueil, s'est trompé. L'humilité qu'il nous

recommande n'a fait que de bons hommes, mais sans caractère. Et sans caractère, l'homme pèche sept fois par jour.

Le libre arbitre et l'idolâtrie des sens.

Proudhon a dit, « que finalement l'homme n'obéissait qu'à son libre arbitre. » Comment se fait-il qu'étant libre, et qu'ayant par sa conscience la faculté de distinguer le bien du mal, il soit sans cesse porté à pécher contre son prochain et contre lui-même ? C'est qu'il est tombé dans l'idolâtrie des sens, ce qui arrête le développement de ses facultés supérieures.

L'idolâtrie, chez l'homme, est le désir instinctif de réaliser le bonheur parfait par la seule satisfaction des penchants naturels, sans réfléchir que cette satisfaction pure arrête en lui l'éclosion de la conscience et a pour conséquence de le rendre malheureux, car n'étant ni digne, ni bon, ni juste, il est en guerre avec lui-même et avec ses semblables ; il est destiné à périr.

Dignité, bonté, justice, voilà la base de la morale future, et ces simples notions doivent faire partie de l'enseignement primaire.

Mais il faut reconnaître que ces nobles facultés sont d'abord primées, offusquées, subalternisées par les sens ; que le rôle du moraliste est de les faire émerger par l'éducation dans la jeunesse, et qu'aussitôt que l'homme reconnaîtra qu'il n'est pas rien que matière, il saura se piloter lui-même. Puis, ravi d'être par la conscience maître de lui, il appellera cet état, l'état de dignité, qui est le souverain bien. Et à cette

hauteur la perte de sa dignité lui serait plus chère que
la vie. Voilà bien quel était le caractère de l'homme
antique.

Le sentiment de la divinité ne fait pas l'homme moral.

Mais ce qui arrète le progrès moral en nous, c'est
qu'en entrant dans la sociabilité, l'homme encore igno-
rant et barbare conçoit l'idée de justice, de sagesse, de
dignité, supérieure à lui et en dehors de son être. L'idée
métaphysique de causalité lui fait rapporter ces principes à un être spirituel, supra-social, qui les lui inspire. De là naissent le fétichisme et le sentiment religieux.

L'existence de l'homme moral s'ouvre donc par la
période religieuse. Il résulte : 1° que l'homme, par sa
religion, est incrédule à lui-même et n'a de foi qu'en
son fétiche ou à son Dieu, ce qui arrète en lui le développement de la justice et le fait tomber dans l'idolâtrie.

Il a une idée fausse de sa destinée qu'il assimile à
celle des existences inférieures. Il s'élève bien à un idéal
céleste, divin et contemplatif, mais qui, en le rapetissant,
arrète en lui l'éclosion de sa conscience, et le fait rester
dans un sensualisme sentimental qui le portera à déifier
ses passions, comme on le voit dans l'*Histoire d'Éléo-
gabal*, ou comme l'a fait Lamartine, dans *Raphaël*.

Le sentiment d'un être supérieur, en amoindrissant
l'homme, le rend stationnaire. Comment en serait-il
autrement, puisque la théologie nous enseigne que
l'homme ne peut rien par lui-même sans le secours

de la grâce ; qu'il est toujours sous l'empire de l'esprit malin ; qu'il n'est que péché dès le ventre de sa mère, et finalement « un foyer de crapule », etc., etc.

Plus le sentiment religieux se développe chez l'homme, moins il est orgueilleux, plus il est humble et facile à gouverner, me, disait un vénérable prêtre. Bossuet n'a-t-il pas dit que le spirituel était donné au point de vue du temporel, et bien plus que vous ne le croyez, la religion est l'objet de la morale.

Oui, sans doute, lui dis-je ; mais la pratique ne correspond pas à la théorie, car plus l'homme a d'humilité, plus s'efface son caractère de dignité personnelle ; et toujours sa foi, qu'il considère comme la première des vertus, en amortissant sa conscience, le rend impuissant à pratiquer le bien, ce qui le rend méprisable dans l'esprit du peuple, et fait perdre à la religion son caractère de moralité.

Idées métaphysiques.

Qu'est-ce que les idées métaphysiques? Des idées abstraites qui ne se définissent pas, mais qui servent à la classification des idées expérimentales.

Exemple. — Qu'est-ce que l'âme? Un esprit, un souffle, une émanation de la divinité, etc., répond le métaphysicien mystique.

Le philosophe répond : Non. Le mot âme n'est qu'une expression qui résume nos facultés mentales : pensées, souvenirs, sentiments, imagination, etc.

Qu'est-ce que Dieu? Dieu, c'est l'infini, nous dit en style de rébus, le rêveur à l'esprit contemplatif. Dieu,

répond le sceptique, « est un X éternel ». Dieu, disent les théologiens, a des attributs ou il n'est pas. Il
est esprit de sagesse, de justice, de bonté, de dignité,
dont il nous a donné les sentiments par la révélation;
et sa toute-puissance se révèle dans la création de
l'univers.

C'est, quelque chose, dit le moraliste., Mais votre
Dieu n'est que la fantasmagorie de l'âme humaine,
c'est de l'anthropomorphisme. Il ne nous reste plus
qu'à dévoiler le mystère et le vulgariser, et rejeter
cette béquille du mysticisme sur laquelle s'appuie encore la morale, ce qui la rend chancelante et la fait
trébucher à chaque instant.

A Monsieur DUMAS fils, sur sa lettre au *Figaro*.

Lorsqu'à propos de votre livre sur le divorce, vous
adressâtes une lettre au *Figaro*, en 1879, la lecture
attentive que j'en fis me suggéra les réflexions sui-
vantes, sur les idées qu'elle renfermait.

J'ai donc cru et je crois, que malgré votre érudition,
votre style élégant et facile, vos idées sont en pleine
anarchie. Vous êtes tout à la fois spiritualiste et ma-
térialiste, croyant et sceptique. Les idées que vous
soulevez sont immenses; tous les sentiments y trou-
vent un curieux attrait, mais le cœur reste vide.

Signalant la rupture de l'esprit moderne avec
l'Église, vous dites : « Que de concessions nous fe-
« rions encore; c'est qu'on n'a pas impunément le
« front rafraîchi par l'eau du baptême, etc., etc.
« Croyez-vous que tous ces souvenirs de notre en-

« fance ne sont pas des signes, en nous rappelant le
« bonheur passé, et nous disent : Tu te troubles à
« chercher ce que tu ne trouves pas. Il n'y a rien de
« plus consolant que nos fictions, et rien de plus vrai
« que nos mensonges. »

Et que n'ajoutiez-vous: rien de plus triste et de plus
faux que la vérité. Cela aurait fait pendant au tableau.

En vous dédiant la deuxième partie de ce chapitre,
j'ai pensé que malgré ma hardiesse, ma critique ne
vous offusquerait pas. Vous êtes de bonne volonté. La
vérité est le but que nous poursuivons tous. L'homme
étant sujet et objet de la morale, en tournant vos in-
vestigations de ce côté, avec votre incontestable ta-
lent, vous pourrez mieux que personne aider à la sortir
de son obscurité.

Définition de la conscience et de la liberté.

Si l'homme n'a cultivé son intelligence et son esprit
que pour grandir sa personnalité, et que l'éducation
ne lui ait pas fait sentir intérieurement sa dignité et
le respect qu'il se doit à lui-même, sa conscience se
taira toujours devant l'intérêt de ses passions, et le
vice qu'il saura cacher en fera bientôt un criminel.
Devenu hypocrite, effronté, il sera insensible au repentir. Un pareil homme n'est plus qu'un monstre
dangereux, mille fois au-dessous de la brute.

Si on demande : qu'est-ce que la conscience? il ne
suffit pas de répondre : c'est la faculté de distinguer
le bien du mal; nous ne serions pas plus avancés, car
dans la pratique, nous prenons souvent l'un pour l'au-

tre. La réponse est complexe ; elle doit en plus de l'affirmation en montrer la fonction.

La liberté est aveugle de sa nature ; tant qu'elle est mue par l'instinct, elle n'est qu'une force contradictoire. Mais l'instinct chez l'homme est subordonné à la réflexion, celle-ci grandissant sans cesse, le premier rétrograde. Plus l'homme réfléchit, plus il raisonne, plus par conséquent il a d'empire sur son instinct et devient maître de lui-même ; là est la vraie liberté. Cette puissance de réflexion développe en nous une faculté qui nous fait distinguer le beau du laid, le bien du mal : c'est la conscience ; et dans nos rapports avec nos semblables, nous donne le sentiment du juste, même en dehors de tout intérêt.

L'homme dont l'éducation est ainsi formée, entre dans la plénitude de l'esprit et affirme son accord avec lui-même. Une communion d'estime, de respect, se forme dans la société.

Cette faculté ou, comme diraient les théologiens, cette grâce que nous sentons en nous, et qui nous porte au bien avec amour, c'est la conscience, laquelle est comme polarisée, d'un côté, par la liberté, de l'autre, par la justice. Et, comme vous le dites si bien : « Là est l'épopée des facultés de l'homme, et à ce de- « gré il a vraiment une âme, il est maître de sa des- « tinée. »

Restons-en là, monsieur Dumas, c'est le libre arbitre que vous affirmez, la morale humaine n'a plus besoin d'étai.

Spiritualisme moderne.

Mais vous poursuivez, et vous dites :

« Il (l'homme) est en communication directe avec le
« principe des choses, avec la création, mais encore
« avec l'invisible créateur. Arrivé là, si la vie monte plus
« haut, elle le quitte ; où va-t-elle ? je n'en sais rien, ni
« vous non plus, monsieur l'abbé, malgré les affirma-
« tions de l'Église, mais l'infini seul peut la contenir. »

Savez-vous ce que c'est que cet infini, ce charabia,
lequel vous déclarez finalement ne pas plus comprendre
que M. l'abbé ? C'est ce pschisme[1] que condamne saint
Paul et qui vous tient encore au cœur, et qui sortira
peut-être de vos idées comme est sortie sa propre
gnose[2].

Ce néo-spiritualisme qui transporte l'âme dans les
régions éthérées, a toujours le défaut que nous repro-
chons au spiritualisme chrétien, qui est de ne pas reconnaître que la loi morale est en nous. Mais tandis
que la théologie l'y fait rentrer par la grâce, comme
en contrebande, vous, moins logique, sans point de
repère moral, vous arrivez à cette belle découverte, à
savoir que « si la nature ne nous a pas donné l'amour
paternel, nous ne l'avons pas, etc. » Il en sera de même
pour la justice, la dignité et la fidélité conjugale.

Si, comme vous le dites, la nature peut nous refuser
l'amour paternel, pourquoi l'invisible créateur dont vous

---

[1] Pschisme, système qui suppose l'âme formée d'un fluide spirituel, transcendental.

[2] Gnose, connaissance, parfaite croyance.

pàrlez n'est-il pas intervenu ? Mais vous l'avez perdu de vue, et vous êtes tombé dans le naturalisme.

J'ai horreur de ce pschisme ou de ce spiritualisme vague, étranger à la morale, sans sanction, avec un Dieu sans attributs ; je me méfie de ce résidu métaphysique qui en déroutant la conscience ne sert qu'à voiler nos turpitudes, et nous fait arriver, comme l'a fait Lamartine, à déifier nos passions, entretient notre crétinisme moral, et nous laisse à notre « vomissement ».

L'homme est pschique, avez-vous dit. Cela signifie que l'esprit humain, par la constitution qui lui est propre, cherche dans les phénomènes qu'il observe à en découvrir la raison. A ce point de vue, les spéculations de l'esprit font honneur à l'humànité. Mais la recherche de la cause des causes, l'en-soi des choses, l'absolu, enfin (bien que l'esprit le suppose), la science moderne le rejette « comme peste de l'esprit, » origine de l'intolérance et des superstitions qui ont fait couler tant de sang dans le monde.

Nous pouvons bien nous demander : y a-t-il un moi supérieur à notre moi? un non moi qui préside à la formation des mondes et à leur conservation? etc. Mais entendons bien que ce n'est pour l'homme sérieux qu'une faible curiosité, la moindre des choses, une affaire dont, comme vous le dites, « il ne sait rien » et dont il ne doit pas s'occuper, laissant cette distraction aux femmelettes et aux petits enfants.

« Parlez de Dieu au peuple, aussitôt il demande à faire connaissance avec ce personnage. » Il en sera de même si vous lui parlez d'esprits. N'avons-nous pas eu les esprits frappeurs, les tables tournantes, les médiums, etc..Qu'ont-ils appris à ceux qui les invoquent pour les interroger? Rien que ce que l'on sait déjà. Voilà l'histoire de toutes les révélations passées et futures.

Le spiritualisme moderne, de même que l'athéisme et le matérialisme, en ne voyant dans les dogmes religieux qu'un signe de l'imbécillité humaine, n'ont su comprendre que les mythes divins sont une allégorie du droit et de la justice, qui trop faible encore dans l'homme cherchant sa loi morale, l'a idéalisée en un Dieu juste et bon ; et en rejetant cette épopée mystique qu'il s'agissait de défricher, sont tombés dans le fatalisme, le naturalisme, dont la conséquence sociale est le despotisme.

Les plus rébarbatifs au progrès de la conscience et de la morale humaine, sont les incrédules à toute religion. Mystiques au fond, ne parlant que de l'infini et du progrès, mais finissant toujours par nier la valeur morale de l'homme, restant conservateurs des préjugés et du privilège.

Voilà, monsieur Dumas, ce qui, malgré les criailleries du siècle, fait encore la force de l'Eglise. Et le dirai-je : c'est elle qui, en nous montrant la grandeur de l'esprit divin, a porté ma raison à sentir ma propre spiritualité, et en me portant au respect de moi-même, m'incite à la pratique de la justice. Si je l'ai abandonnée, ce n'est pas par ingratitude, c'est pour suivre une morale que voile son mysticisme, qui est à l'état latent dans sa théologie, mais qu'elle ne comprend pas. Et, le dirai-je, cette morale est la grandeur de la personne humaine.

Vous revendiquez pour le théâtre la priorité des maximes de morale et de foi, et vous demandez qui a dit ces paroles chrétiennes? Pascal, saint Augustin, etc. « Non, ce sont nos aïeux, les hommes de théâtre, Eschyle, Euripide, Méandre, etc. »

Les comédiens sont venus, puis les théologiens; la morale est obscure, l'éthique est encore à faire. A vous donc, savant et artiste, en rejetant l'absolu, de nous donner la formule de la morale nouvelle. Imitez Molière; un horizon nouveau s'ouvre devant vous. Dignité, bonté, justice, voilà le code de la vraie morale. Et les différentes étapes que vous avez à parcourir sont tracées par Proudhon, dans son livre *De la justice dans la Révolution et dans l'Église.*

De la perfectibilité de l'espèce humaine.

J'ai pensé pouvoir rapporter ici une lettre adressée à mes enfants sur la perfectibilité de l'espèce humaine. Les notions de physiologie qu'elle renferme, sont inspirées par la lecture du livre du célèbre physiologiste, Claude Bernard, intitulé : *La Science expérimentale.*

L'application de ces notions à la sociologie ou à la morale, intéressera sans doute ceux qui ne sont pas indifférents à ce sujet.

« CHERS ENFANTS,

« D'après le calendrier républicain, la nouvelle année commence le 22 décembre, ce qui est en rapport avec le mouvement de la terre, lequel, en suivant son orbite, va présenter à nouveau notre hémisphère à la face de notre bien-aimé soleil. Donc, aujourd'hui 1er nivôse de l'an 94, je viens vous présenter mes souhaits de bonne année, la santé pour vous tous, et que du paradis terrestre où vous êtes entrés, vous fassiez bon usage des fruits qu'il vous produira. Mais il y a un rejeton qui grandit près de vous, une petite colombe, qu'au frémissement de ses ailes, on devine qu'elles tendront bientôt à prendre leur essor dans le monde.

« D'après la physiologie moderne, la nature, en nous créant, nous a donné comme aux animaux inférieurs des facultés propres à la conservation de notre espèce : c'est l'instinct, l'égoïsme et l'intelligence. Toutes ces facultés, qui ont leur siège dans le cerveau, se développent chez l'enfant parallèlement au développement des sens, et restent à l'état de fixité. Ainsi l'a voulu la nature qui veille à notre propre conservation.

« Mais cette même nature nous a aussi donné des facultés morales (que n'ont pas les autres animaux), lesquelles, classées dans les lobes cérébraux supérieurs, ont besoin pour se produire d'une excitation extérieure, sans quoi elles ne fonctionnent pas. De là, la nécessité de l'éducation et du contact social.

« Chez la jeune fille, ces facultés sont : 1° la pudeur, premier degré de la dignité féminine ; 2° l'amour du beau et du bien qui développe l'activité et nous porte au travail ; 3° l'affection qui donne la constance. La simplicité et la modestie, en balançant notre orgueil, sont les grâces qui orneront le foyer domestique, en développant en nous la bonté et la justice, base de la famille.

8

« De l'ensemble et de l'harmonie des facultés résulte la conscience qui les domine toutes, laquelle nous fait distinguer le bien du mal, crée le libre arbitre et la dignité personnelle.

« Ces vertus, si bien appropriées au sexe féminin, rayonnant de la famille à la cité, de la cité à la nation, forment le lien social et nous inspirent l'idée de patrie!

« Il est donc nécessaire de développer dans l'enfance ces nobles facultés afin de pondérer chez l'adulte les inclinations sensuelles, qui ont à leur service des facultés toutes formées : l'instinct, l'égoïsme et l'intelligence. Pondérer les sens, ce n'est pas les mortifier, mais c'est les assujettir, par la conscience, à la règle du juste; c'est, comme on dit, dépouiller le vieil homme, c'est le sortir de la bestialité; c'est réaliser le plaisir et le bonheur, comme l'enseignait le véritable Épicure, par la culture de l'esprit et la pratique des vertus; c'est porter l'humaine espèce au bien et au bonheur par le libre arbitre. C'est la période de dignité qui devra régner un jour sur toute vraie civilisation. C'est la plénitude de l'esprit. Nommez-la divine ou angélique, l'expression poétique ne fera que confirmer ce réalisme futur.

« Les sciences morales ont donc pour but, en harmonisant chez l'enfant les qualités supérieures, de dominer les facultés inférieures, c'est-à-dire de les arrêter au moment où, par l'abus, elles menacent de rompre l'équilibre qui fait aussitôt dégénérer l'homme, et comme Nabuchodonosor, le changent en bête.

« Je souhaite donc à notre Alice une bonne maîtresse de pension, qui tout en lui donnant une instruction nécessaire, prépare, par l'éducation, son âme aux sentiments de sociabilité, afin d'aider sa mère dans la pratique de la vie, à lui former le caractère. Ce n'est pas dans l'âge mûr que l'on peut imprimer à l'esprit des sentiments élevés, mais seulement à la jeunesse, qui, comme un arbrisseau, se plie facilement sous la main qui sait le diriger. Il faut donc, pour ainsi dire, greffer, aider, afin de porter la vivacité de la sève à donner de bons fruits, sous peine de laisser l'arbre à l'état de sauvageon, ne donnant que des fruits âpres et amers.

« Claude Bernard dit à cet effet : « Que pendant le « jeune âge, le cerveau, en voie de développement, « est semblable à la cire molle, apte à recevoir toutes « les empreintes qu'on lui communique, comme la « jeune pousse de l'arbre prend également toutes les « directions qu'on lui imprime. Plus tard, alors que « l'organisation est plus avancée, les idées et les ha- « bitudes sont, ainsi qu'on le dit, enracinées, et nous « ne sommes plus maîtres ni de faire disparaître im- « médiatement les empreintes anciennes, ni d'en for- « mer de nouvelles. » Il dit aussi : « Lorsqu'une idée « a traversé le cerveau durant un certain temps, elle « s'y grave, s'y creuse un centre, et devient comme « une idée innée. »

« Mais si quelques imprudents flatteurs s'ingéraient de grandir la valeur de votre enfant, proportionnelle- ment au son des écus auxquels elle pourrait prétendre, rappelez-lui toujours que partis tous d'une commune ignorance et d'une commune misère, la fortune est un accident qui a ses devoirs et ses obligations, en attendant que les progrès des sciences morales, politiques et économiques élèvent le niveau des intelligences et rendent approximativement la répartition du bien-être plus accessible à la masse.

« Je pense, au moment de clore cette lettre, que l'éducation des enfants est de tous les instants, et qu'on doit y travailler sans relâche; que comme mère éducatrice, on est responsable de leur destinée morale. On aime les enfants de deux manières : pour soi ou pour eux. La seconde façon d'aimer, assez rare aujourd'hui, consiste à les reprendre amicalement dans leurs fautes, et de leur donner toujours de bons exemples. Je n'embrasse jamais mes enfants que quand ils le méritent, me disait un jour une simple femme d'artisan. Et quand ils font des fautes, lui dis-je, quelle punition leur infligez-vous? Je pleure, répondit-elle. Tout l'enseignement maternel est là! »

Le caractère chez les anciens.

L'histoire des mœurs chez les Romains est marquée par deux périodes distinctes : celle de la république et celle de la décadence sous la période impériale.

Première période.

Chez les Romains, le mari avait le droit de renvoyer sa femme. On remarque, sous la R 'publique, que pendant 520 ans, à Rome, pas un adultère, pas une séparation, n'ont été officiellement constatés. Le foyer, la famille, étaient inviolables, sacrés. La femme honorée de son époux lui était dévouée comme à sa dignité, jusqu'à la mort. Et la mort leur était préférable à la perte de la dignité.

On croit rêver en comparant ces mœurs de l'antiquité, avec ce qui se passe aujourd'hui. Qui a donc créé cette valeur morale chez les Romains de la République? C'est le sentiment intérieur et l'idéal constant de leur dignité, que le christianisme a niée en l'assimilant à l'orgueil.

Seconde période.

Les anciens avaient bien senti leur dignité et reconnu leur droit; mais au lieu d'étendre progressivement cette dignité et ce droit à la plèbe, ils prirent à témoin de leur valeur morale les dieux que leur imagination avait créés, de qui ils croyaient descendre, et finirent par les en instituer garants.

Alors la religion devint privilège. Le plébéien et l'esclave ne peuvent se dire religieux devant Jupiter fulgurant; la dignité est devenue orgueil; le droit, privilège. Thémis n'a plus qu'un plateau à sa balance, dans lequel pèse d'un poids écrasant l'égoïsme du patricien.

La civilisation romaine qui avait brillé par la dignité personnelle et la force de caractère, et qui contenait dans ses flancs l'idée de justice, a succombé dans la plus effroyable corruption.

« Le paganisme, a dit Proudhon, a fait l'homme digne. Le christianisme a fait le bon homme. La Révolution doit faire l'homme juste. »

Ces trois pièces sont, comme aurait dit Charron, le harnais qui forme en l'homme le sentiment complet de la morale, lesquels, séparés, ne fonctionnent qu'imparfaitement, et à chaque instant, le char de la civilisation reste dans l'ornière et peut disparaître dans l'abîme.

Signes extérieurs de la dignité personnelle.

Il faut reconnaître qu'en ces derniers temps le programme de l'instruction primaire a été considérablement amélioré, mais que l'éducation y est négligée. Nos enfants, livrés à eux-mêmes, ont cessé d'être respectueux et polis. La jeunesse a perdu sa naïveté, elle est vieillotte. Aujourd'hui, grands et petits ne se saluent pas. On se rencontre sur un chemin sans manifester la moindre marque de respect. Qu'est-ce donc qui a pu produire un changement si considérable dans nos habitudes? C'est, selon moi, que la signification du salut n'a été comprise que comme un signe d'humilité, et ce qui témoigne de cette assertion, c'est que nous finissons encore nos lettres par votre très humble serviteur, etc. Comme nous ne voulons plus être le très humble et obligeant serviteur de personne, nous avons cessé d'en manifester l'idée en cessant de saluer.

Un jour, sur une route, je rencontre un jeune collégien, qui passe prestement sans me saluer. Je l'appelle, en lui disant : Monsieur, veuillez me pardonner du retard que je puis vous causer, mais si vous me le permettez, j'aurais une observation à vous faire. — Volontiers, répliqua-t-il. — Eh bien, lui dis-je, pourquoi ne me saluez-vous pas? — Mais, monsieur, je ne vous connais pas. — Vous allez sans doute prendre en bonne part la fin de mon observation? — Oui, oui, répondit-il. — Le vrai principe de nos salutations n'est pas un acte d'humilité, mais la reconnaissance, en autrui, de la dignité que nous sentons en nous. Étant de même race, nous devons, à ce point de vue, reconnaître que l'homme devant l'homme est égal à l'homme, et le salut me semble le trait d'union qui nous rapproche; c'est aussi la politesse et le point de départ de la morale.—Ma foi, monsieur, me répondit-il, vous me faites plaisir, merci mille fois de votre bonne observation.

Cette PUÉRILITÉ du salut que l'on dédaigne aujourd'hui, n'en est pas moins le commencement et même la base de la morale. Car avec l'indifférence du respect commence l'indifférence dans l'action, ou du rapport de justice qui forme les bonnes relations sociales.

La sanction morale n'est efficace que dans la conscience.

J'ai dans mon enfance été élevé dans la crainte de Dieu; je devrais dire dans le respect de la divinité, ou mieux encore, dans les sentiments qui forment la conscience.

On sait l'influence qu'exercent sur l'imagination des petits enfants, les contes merveilleux, les images, les anecdotes, etc. C'est donc à l'aide de fictions que l'on commence leur éducation.

Du haut des cieux, le petit Jésus qui nous voit et qui sait toutes nos pensées, était représenté à mon imagination comme modèle de vérité, de docilité et de bonté. Mais ce qui excitait en moi la sensibilité et la pitié, c'est que la malice des hommes (je comprenais des gamins) avait fini par le faire mourir.

Je l'aimais plus que ma mère, je compatissais à ce qu'il avait pu souffrir. Dans mes contrariétés, je me recommandais à lui. Quand je commettais des fautes, on me le présentait comme affligé de ma malice. La pensée que je pouvais perdre son amitié ou le faire souffrir, me portait au repentir. Les larmes que je versais en embrassant ma mère étaient la preuve de ma sincérité. Oh! douce sanction, qui me portait au bien par l'amour, et par l'amour au repentir.

Si l'Église avait retenu dans son dogme de la sanction morale ces naïves pensées, en les élevant par degrés, et selon l'âge, dans la conscience humaine, elle aurait toujours conservé l'enseignement de la morale. Car la pratique du bien, par la joie intérieure qu'il nous donne, est la sanction rémunératrice, comme le repentir et la douleur que nous éprouvons de nos fautes, sont la sanction pénale.

Pourquoi à la peine du DAM, a-t-elle ajouté la peine par les sens, les souffrances de l'enfer? Cette atrocité d'un châtiment éternel a fait plus de tort à la morale de l'Église, que tous les vices que l'on peut reprocher à ses prêtres. Les châtiments corporels, les peines infamantes que nous infligeons encore aux malfaiteurs, sont les restes de la barbarie, qui, au lieu d'amener le remords dans la conscience, endurcissent le cœur du coupable et en font l'ennemi irréconciliable de la société.

Nous avons cru démontrer que l'homme est porté invinciblement au bien par la conscience, et qu'il ne peut la faire taire sans devenir aussitôt malheureux. Si le remords qui nous porte au repentir ne pénètre pas la conscience, l'expiation se retrouve solidairement dans la société, par le vice, l'hypocrisie, le mépris, la haine; et les crimes qui déshonorent l'humanité en sont le châtiment.

« Tout se réjouit dans l'homme, dans la société et « dans la nature, quand là justice est observée; tout « souffre et meurt quand on la viole.

« Cette sanction suffit-elle, dans tous les cas, à la « récompense de la vertu, à l'expiation du crime et « au redressement de l'erreur? Oui. » P.-J. PROUDHON.

CONCLUSION DE CE CHAPITRE

Il y a urgence d'opérer une réforme dans la morale, et dans ce sens on peut dire que l'éducation est presque nulle. L'école primaire est la pépinière où se forment les jeunes générations. Pourquoi, dans le programme de l'instruction, ne réserverait-on pas une place dans l'école, à l'éducation morale, afin de former le caractère de la jeunesse?

Que l'Académie mette au concours et donne une prime au meilleur catéchisme de morale humaine. Les concurrents ne manqueront pas. Enseignez donc à nos enfants de l'école primaire à reconnaître leur propre dignité, à se respecter mutuellement, à ne point mentir, à être justes envers leurs camarades, respectueux envers leurs parents. Est-ce que la politesse n'est pas le commencement de la sagesse?

Montrez-leur, par des exemples qui frappent leur imagination, que l'absence de ces notions les rapproche des bêtes et les rend indignes.

Inspirez à ces jeunes âmes, l'affection, la pitié, la constance, d'où résultera la bonté, qui tempère l'égoïsme et surpasse même la justice, et dont le résultat moral est de nous donner la paix du cœur.

Élevez au-dessus d'elles-mêmes ces natures encore naïves, par des exemples où brillent le caractère, le courage, le dévouement. Parlez-leur de leur droit, et l'idée de justice leur donnera la notion du devoir, etc.

Prenez sur l'instruction ordinaire deux heures par semaine, et pratiquez cet enseignement par la méthode mutuelle, et vous verrez ces petits citoyens s'excitant les uns les autres, faire ressortir par des actions pratiques le caractère naissant de leur dignité.

Rien n'offrirait un spectacle plus agréable que de voir ces petits moniteurs s'enseignant chacun à leur tour, dans leur section, et se stimulant pour l'obtention d'une médaille que leur conférerait, pour un temps limité, un titre honorifique de leur caractère et de leur dignité.

Rappelez-vous, pédagogues, que l'idée de justice est plus forte chez les gamins que chez l'adulte; que dans leurs jeux chacun commande à son tour, ou sinon les jeux cesseraient. Rappelez-vous aussi, que dans l'antiquité, comme aujourd'hui chez le sauvage, le caractère de la dignité est plus accentué que chez le civilisé. L'orgueil pour les uns, l'humilité pour les autres. Voilà le patrimoine de notre civilisation.

CHAPITRE VI

CONCLUSION ET RÉSUMÉ

I

Définition du pouvoir législatif.
Impuissance du parlementarisme.
Négation de l'autorité gouvernementale.

Pour le lecteur qui a suivi avec intérêt la marche de l'idée économique du premier chapitre jusqu'à la fin du quatrième, il comprendra que le pouvoir législatif est tout à la fois le représentant de la liberté collective et de l'intérêt général, et que l'intérêt général est aujourd'hui la vraie RAISON D'ÉTAT, ainsi que jadis cette raison d'État reposait sur le seul intérêt du noble et du prince.

La liberté individuelle qui représente notre moi, ou l'intérêt personnel, est la contre-partie de la liberté de l'État, et ces deux libertés ont une tendance à dominer l'une et l'autre. Les sciences économiques et politiques ont pour but de les tenir en balance.

Dans l'esprit de la Révolution, le pouvoir législatif, à l'imitation des anciens États-Généraux (page 10) doit être formé des diverses fractions du travail qui concourent à la production de la richesse, et être ainsi le véritable représentant de la force collective. Est-ce que des délégués des chambres du commerce et de l'industrie, des délégués de la petite culture et des diverses corporations ouvrières, des délégués du culte et de la grande propriété, TOUS NOMMÉS PAR LEURS PAIRS, ne représenteraient pas mieux l'intérêt collectif que des avocats ou des barons de la grande propriété, nommés en BLOC par le suffrage universel.

De même dans l'ordre nouveau, par la séparation des pouvoirs, l'exécutif n'est formé que pour l'administration des services publics, et ne peut être que l'interprète responsable des volontés du Corps législatif, en établissant des règlements pour l'application des lois.

Les bonnes intentions de nos représentants sont indiscutables, mais comme la masse de la nation, ils sont à peu près étrangers à la science économique. Entre le mandataire et le mandant, il n'y a rien de formulé EXPLICITEMENT, tout se passe en professions de foi et en actes d'espérance ; mais dans l'application, tout se résume en un parlementage stérile et en déceptions.

Alors c'est en vain que l'on parle de la séparation des pouvoirs. L'exécutif veut gouverner : ne s'appelle-t-il pas le gouvernement? (vieux mot, vieille idée de qui nous attendons tout). Aussi contre-carre-t-il le pouvoir législatif, le mystifie-t-il en lui présentant la carte à payer de ses folles entreprises. Il est le but de toutes les ambitions et de tous les intérêts, et tend toujours à se dépouiller de son libéralisme, incline au pouvoir personnel, trame des coups d'État, ajourne ou dissout

les Chambres, en les chargeant comme le BOUC ÉMIS-
SAIRE des péchés d'Israël. Puis il recherche l'appui des
intérêts établis, les favorise en prorogeant les privilèges (page 38-39) au détriment de la nation, et les
présente comme d'intérêt social, etc.

Si dans la société la liberté et l'égalité ÉCONOMIQUE
des moyens n'existe pas pour tous, il y a abus et misère. Si l'État perd son pouvoir, l'intérêt général est
sacrifié et la société se dissout dans le désordre.

Respecter et garantir ces deux sortes de liberté,
faire ressortir l'ordre dans la société en basant la politique et l'économie sur la solidarité de tous les intérêts, tel est le but que je me suis proposé en entre-
prenant ce travail. Ai-je réussi à rendre intelligibles ces
idées? Je l'ignore. Mais on verra, je l'espère, que j'ai
nié le socialisme GOUVERNEMENTAL, qui ne peut se réaliser qu'en absorbant les libertés individuelles, ce qui
reformerait au nom d'une souveraineté quelconque les
abus qu'il s'agit de détruire.

Il est donc nécessaire que l'État ait assez de pouvoir
ou de liberté pour protéger la liberté et l'intérêt collectif, et que la liberté individuelle soit assez forte pour
arrêter toute autorité gouvernementale qui pourrait se
produire, laquelle n'aurait sa raison d'être que pour le
privilège.

Mais le pouvoir législatif ne s'exerçant plus au nom
d'aucune souveraineté, n'étant qu'une délégation pour
la représentation de l'intérêt général (ainsi que le juge
est le délégué du droit et de la justice), n'ayant sa
raison d'être que pour le bien public, s'il peut se tromper, il ne prévariquera pas!

II

Etat transitoire des esprits.

L'organisation morale, politique et économique de la société repose encore sur une partie des fictions du passé, et les progrès que nous croyons réalisés sont bien plus apparents que réels.

La réflexion, la raison et l'expérience qui commencent aujourd'hui à pénétrer notre entendement, nous faisant perdre à chaque instant de notre spontanéité, celle-ci, de plus en plus mêlée de raisonnements, s'est pervertie, et il arrive que nous ne pouvons plus nous entendre et que nous divaguons sur les questions que nous avons à résoudre.

En perdant cette spontanéité primesautière qui animait les collectivités et qui produisit ces génies qui éclairaient JADIS la marche des nations, et n'ayant pas encore acquis la science qui doit la remplacer, nous paraissons par l'idée au-dessous de nos pères. Mais cependant les générations s'améliorent.

La venue parmi nous d'un génie supérieur (qui résoudrait toutes les difficultés) que la démocratie autoritaire et gouvernementale attend encore, est une illusion du passé et un signe de notre infériorité.

Si cette apparition se réalisait, ce serait le retour à notre ignorance primitive et à notre spontanéité instinctive, l'obscurcissement de la raison et la négation de la science. La restauration d'une autorité gouvernementale tenant par la candidature officielle le député sous sa dépendance (c'est-à-dire unissant le législatif à l'exécutif), serait le retour à l'ancien régime et la négation de la Révolution.

Le temps des sauveurs et des hommes providentiels est passé; nous n'avons plus rien à attendre des gouvernements. On ne parle même plus sans rire de la souveraineté du peuple. Plus d'idoles à élever aujourd'hui pour renverser demain. Que nous reste-t-il donc? Ce qui nous reste, c'est notre moi et notre valeur productive.

Savoir quelque chose de ce qui relie l'intérêt particulier à l'intérêt général, connaître aussi ce qui forme le caractère et peut nous porter au bien, c'est devenir quelque peu SAVANT, sans être pour cela un homme de génie. Voilà ce que la spontanéité ne peut plus nous donner, et ce que par la raison nous devons acquérir; ce qui, aujourd'hui, est devenu de nécessité sociale pour l'homme élevé en dignité comme pour le plus simple des mortels, sous peine de retomber tous dans la servitude de la force brutale.

III

Nous avons observé :

(*a*) Que la DIVERSITÉ des aptitudes établit l'équivalence des producteurs et leur solidarité, laquelle est la base de l'ordre dans la société; et que s'il se pouvait supprimer de la production une seule spécialité du travail (soit le berger et le bouvier), une partie de l'alimentation nous ferait défaut.

(*b*) Que le bénéfice qui est le stimulant de toute industrie, par la concurrence, la loi de l'offre et de la demande, tend à se réduire et à ne servir que pour amortir les frais et les risques joints à la chose exploitée; ce qui fait que dans une société bien organisée, toute industrie tend à se rapprocher du prix de revient, comme nous l'avons vu pour le médecin et le journalier (voir p. 24). Mais si toutes choses reviennent à leur juste prix, l'épargne individuelle peut se former par les progrès incessants que réalise l'industrie.

(c) Le principe de la mutualité entre citoyens ne s'impose pas par décret d'autorité, il résulte de la liberté individuelle qui est de sa nature transactionnelle (voir p. 53, l'article de P. Joigneaux). Mais cette idée encore obscure ne commence qu'à naître parmi nous, et se manifeste dans la pratique sociale par la formation des syndicats, l'idée coopérative, la participation aux bénéfices, les compagnies ouvrières, etc., et a surtout pour mobile le juste prix des produits.

Ce principe servira encore à établir l'égalité des moyens, par le crédit gratuit, l'assurance générale, l'organisation des services publics à prix de revient, et par l'association volontaire des individus; elle sera la fin de l'agiotage, la disparition des intermédiaires onéreux (v. p. 95), le règne de la vérité dans les rapports d'échange, la fin de l'exploitation de l'homme par l'homme, et finalement le mouvement de la péréquation des fortunes.

(d) Les monopoles légaux que de tout temps le législateur concède avec cahier de charges, tarifs, responsabilités, etc., ne sont formés que pour établir le juste prix et la sécurité publique (v. p. 35-36). Il ne s'agit plus que d'en extirper le favoritisme que l'autorité gouvernementale (en dehors du pouvoir législatif) y introduit trop souvent, et nous les fait détester.

(e) Que l'argent qui a acquis comme produit une fixité de valeur, ne doit plus servir d'une façon absolue d'intermédiaire à la circulation des autres valeurs. — « Les produits s'échangent contre des produits », ainsi que le commerce nous en donne l'exemple par ses billets, lesquels, par l'opération du CHANGE INTÉRIEUR, remplacent la monnaie métallique.

D'autre part, le rôle usuraire de l'argent ne peut durer longtemps, puisqu'il est possible de remplacer le prêteur par la banque mutuelle alimentée par l'impôt que nous payons tous, dont la conséquence sera de nous créditer gratuitement et de nous servir des rentes pour notre vieillesse (v. p. 75).

L'épargne individuelle que l'on recommande tant à l'ouvrier, quand il peut la réaliser, arrive toujours trop tard pour lui permettre d'acquérir les instruments de son travail. Seule aujourd'hui, l'épargne par l'impôt sera la première ressource du travailleur.

La toute-puissance, la vraie souveraineté, celle de laquelle on ne PLAISANTE PAS, c'est la caisse. Il est temps que Jacques Bonhomme, après avoir garni celle des autres, songe à remplir la sienne.

IV

Dans un pays comme la France, où la production agricole ne suffit pas à l'alimentation de la nation, il est clair que le prix de revient des produits de la dernière qualité de terre doit être la base du prix mar-

chand des céréales. Les terres à grand rendement réalisent de ce fait une AUBAINE que nous appelons rente
de la terre.

Chez nous, ce sont les arrivages de l'étranger qui
règlent les prix de la vente, et ils sont abondants; la
baisse qui se produira sera supportée difficilement par
les terres de dernière qualité. Mais si des droits protec-
teurs viennent en aide aux terres inférieures, les terres
à grand rendement qui peuvent s'en passer, seront
encore privilégiés au détriment de la masse des consommateurs.

En constituant la meunerie en monopole légal avec
cahiers de charges (v. p. 81) comme pour les transports, nous avons rendu au cultivateur des terres inférieures la liberté de vendre son produit à sa valeur.
L'assurance mutuelle, en garantissant les différents
risques, lui donnera aussi la sécurité et lui permettra,
quelle que soit la récolte, de vendre ses denrées un
prix moyen.

Par le crédit gratuit, le petit propriétaire ou le petit
cultivateur, en remboursant à la banque l'annuité, en
place de l'intérêt qu'il paie aujourd'hui, arrivera facilement à la propriété; tandis que sous le régime actuel du prêt usuraire, il laisse en mourant ses dettes à
payer à ses enfants. C'est un fait d'une grande vérité,
que le petit propriétaire, le fermier, l'artisan, etc., ne
remboursent presque jamais, ils payent les rentes
quand ILS PEUVENT, et voilà tout.

L'impôt foncier n'étant qu'une faible reprise de la
rente de la terre, nous croyons, puisqu'on parle d'en
réviser la cote, que l'on pourrait profiter de cette ré-

vision avantageuse pour former le noyau d'une banque de crédit mutuel agricole, et à l'aide de la monnaie fiduciaire, de la faire fonctionner immédiatement.

Nous avons démontré que le travailleur parcellaire (v. p. 87), considéré comme un infiniment petit (un microbe), était une unité de puissance qui créait dans le travail la force collective ; que cette unité et cette force ne pouvaient être accaparées par le monopole sans nier le droit individuel. Nous avons conclu à la transformation de ce dernier et à la formation de compagnies ouvrières reliées entre elles par des contrats mutuels, que nous avons appelés FÉDÉRATION INDUSTRIELLE ; mais aussi nous avons reconnu qu'il était de nécessité sociale de laisser faire l'industrie privée quand elle n'absorbait pas la liberté de l'ouvrier.

L'idée de la valeur d'un produit soulève entre vendeurs et acheteurs la notion du juste prix. Le prix fixe dans le commerce est une tendance à l'application de cette idée. Mais nous l'avons discipliné par la marque de fabrique, la mercuriale, la cote officielle, etc. Avec la direction des idées à la mutualité, les bénéfices exorbitants qu'il réalise trop souvent rentreront dans une juste proportionnalité.

Nous avons fait voir la possibilité de modifier le mode ancien des transactions, et à l'imitation du haut commerce anglais, nous avons rappelé l'idée de créer des entrepôts PUBLICS, docks, etc., afin de servir d'intermédiaires entre vendeurs et acheteurs, producteurs et consommateurs, dont le résultat serait de simplifier les rapports d'échange et d'en diminuer considérablement les frais.

En appliquant la justice aux lois économiques que
la spontanéité primitive à formées (appendice)[1], nous
avons opéré une partie de la LIQUIDATION SOCIALE. L'égalité des conditions en résultera inévitablement. Sans
doute ce n'est pas encore l'égalité des fortunes (appendice)[2], mais on aperçoit déjà qu'en nous délivrant du
parasitisme qui affecte toutes les formes du travail et
de la production, en reliant par l'association mutuelle
les intérêts des petits producteurs et consommateurs
(v. p. 53) divisés et affaiblis; en donnant à l'ouvrier,
à l'artisan, au fermier, par le crédit gratuit, la propriété et l'outil, en domptant et en disciplinant le monopole, en donnant au travailleur parcellaire ou collectif, la liberté ou l'autonomie; puis opérant par l'impôt
la reprise d'une partie des plus-value que la société
CRÉE ET PAIE (appendice)[3], et en en finissant avec tous
ces modes de péages et de patenôtres que respecte encore notre ignorance, nous demandons : Que restera-
t-il de l'exploitation de l'homme par l'homme, de l'agiotage et de l'usure? Rien. Le bien-être, l'éducation et
la sécurité devenus universels, la richesse sociale grandissant sans cesse, effaçant pour ainsi dire la richesse
individuelle, et celle-ci (bien que légitime) arrivée à
un certain degré finira par n'être plus qu'un embarras,
dont la conservation donnerait à son possesseur plus
d'occupation que de profit.

L'impôt sur les revenus, sur le capital et l'impôt
progressif, très beaux en théorie, sont aujourd'hui ir-
réalisables dans la pratique. Ils deviennent inutiles

---

[1] Note A à l'appendice, page 138.
[2] Note B à l'appendice.
[3] Note C à l'appendice.

dans l'organisation nouvelle de tous les intérêts. Mais l'impôt progressif peut servir comme moyen défensif de la société contre l'accaparement des instruments du travail et du monopole terrien (v. p. 41-42). Il peut encore servir à opérer la liquidation de la dette nationale. Par exemple, il aurait pu être utile à la prélévation d'un impôt pour la rançon que nous avons payée à la Prusse, ainsi que le conseillait à M. Thiers un économiste qui siège encore aujourd'hui à la Chambre : « Appliquez temporairement, dit-il, la progression sur « les gros revenus depuis 1 jusqu'à 30 ou 40 0/0, cela « vous produira au moins un milliard, et dans cinq ans « la Prusse serait payée sans que nous contractions « d'emprunts. » Mais M. Thiers, avec son génie fiscal et finassier, avait, comme il l'a dit, trouvé le moyen de plumer la poule sans la faire crier. En augmentant l'impôt sur les consommations, ce qui était facile à prévoir arriva : c'est que la main-d'œuvre dut augmenter en proportion, et la résistance du patronat à cette augmentation est là raison des grèves qui ont survenu. L'élévation des salaires, en rendant difficile l'exportation de nos produits, amène les chômages de l'industrie, et ce que la bourgeoisie a gagné d'un côté, la nation le perd de l'autre. Oh! politiciens.

En dehors des impôts affectés aux services publics, la nation pourrait créer des contributions facultatives sur les consommations, transactions, etc., afin d'alimenter les caisses de crédit mutuel, de retraite pour la vieillesse et des invalides, et d'employer pour la perception, soit la proportionnalité et même la progression afin de favoriser le mouvement égalitaire.

Mais les politiciens au génie spontané semblent déjà nous crier : « Assez de dissertations et de controverses. « Sauriez-vous point un moyen de diminuer les impôts « ou tout au moins de les faire payer au riche? Un se- « cret pour faire baisser le prix des loyers? Un autre « pour diminuer le prix de la viande, du pain et du « vin?... Parlez, monsieur l'économiste, nous vous « écoutons, mais dites vite; surtout point de théo- « ries, point de révolutions !

     « C'est ainsi que des gens de bon sens en viennent « tous les jours en France à traiter les questions po- « litiques et économiques. Des miracles, voilà ce que « l'on demande, mais un ensemble de réformes, de la « raison, de la suite, on en a horreur. » P.-J. PROUDHON.

Hé bien, ami lecteur, les secrets que nous devons demander aux économistes ne sont pas dans les pana- cées, ni dans les volte-face et les changements à vue, ils sont, comme nous avons essayé de le démontrer, dans l'équilibre des lois économiques et dans la juste valeur du travail. Mais pour les voir, il faut opérer la vérification des poids et mesures de nos consciences en dehors de tout préjugé et de tout intérêt person- nel ; et avec l'idée de justice nous serons prêts à ac- cueillir favorablement la vérité et le savoir qui nous font encore défaut, lesquels doivent en finir avec la spontanéité, l'ignorance et l'orgueil. Et le socialisme ou la solution du problème social se réalisera d'un mouvement continu dans l'humanité.

V

Pour rendre efficaces les réformes économiques, il est nécessaire de transformer la base de l'éthique et de former les caractères dans la jeunesse, afin que dans l'âge viril, l'homme attache autant d'importance à l'observation de la loi morale qu'à sa propre conservation (v. p. 116-117). Cette loi ne peut donc plus reposer sur des fictions mystiques (toujours précaires), Jupiter ou Jéhovah au ciel, mais seulement en nous, où elle est IMMANENTE. C'est ce principe qui nous a porté (en traitant sommairement de la morale) à reconnaître que par l'éducation et la culture de nos facultés cérébrales supérieures, la perfectibilité intellectuelle de l'espèce humaine était possible (voir p. 112), et que l'harmonie de l'homme avec lui-même, comme avec ses semblables, ne peut se réaliser que par la conscience; qu'une fois cette faculté développée, quoiqu'elle puisse se tromper, elle n'en est pas moins indéfectible.

Le sentiment de notre dignité personnelle, le respect que nous nous devons à nous-même, le sentiment de justice IMPRIMÉ dans nos consciences (bien mieux que la crainte des dieux et des démons), en nous inspirant le repentir de nos fautes, nous portera inévitablement au bien.

APPENDICE

Note A.

On demande ce que nous entendons par spontanéité et idée affective? Nous répondrons par un exemple, que la devise (chère à la démocratie) : Liberté, Égalité, Fraternité, est tout à la fois un fait de spontanéité et de sentiment, bien plus que de raison et de réflexion. La conséquence est que la spontanéité qui a créé cette devise, tend à repousser les raisons et la polémique que l'on tenterait de soutenir pour en donner la définition ou en faire l'application. Cette tendance spontanée amène le désaccord, l'irritation et la division entre le parti de la Révolution pratique et celui de la démocratie sentimentale. N'étant pas encore exercés par la réflexion et le savoir à traiter les questions *morales*, politiques et économiques, nous n'aboutissons pas, et la réaction autoritaire, prenons-y garde, peut bientôt avoir raison de nous! (Voyez *Pouvoir personnel*, chapitre Ier.)

Note B.

L'égalité des conditions ou l'égalité des moyens doit résulter de l'organisation sociale et donner ÉCONOMIQUEMENT à chaque travailleur, le même avantage ou la

même liberté de se mouvoir dans la société. La TEN-
DANCE à l'égalité des fortunes résultera aussi de cette
organisation. Sans doute il y aura, comme on dit,
des gens qui mangeront leur blé en herbe, et il pourra
y avoir des pauvres parmi nous.

Mais les sciences morales n'étant pas encore constituées et vulgarisées, nous ignorons ce que déjà la
pschycologie nous enseigne, à savoir, que chez l'homme
l'intelligence ou l'esprit est perfectible dans la jeunesse
et dans la succession des générations; et l'amélioration
morale que nous pouvons attendre de l'éducation, nous
mettra sur le chemin de l'égalité des fortunes. Sans
doute cette égalité ne se réalisera pas d'une façon
absolue, car l'absolu (que nous concevons) ne se réalise nulle part. Mais la tendance à l'*inégalité* n'exis-
tera plus.

Note C.

Nous attachons une grande importance à notre
définition de la rente foncière, ainsi qu'à toutes les
plus-value (v. p. 57 et 70). Une fois l'opinion arrêtée
sur cette importante notion, on comprendra que ces
rentes sont formées par le mouvement de la société
et de la liberté individuelle; que la reprise dont nous
avons parlé est un acte de comptabilité, un partage
nécessaire entre la société et l'individu qui ont con-
couru à les produire. Il est donc juste de laisser au
propriétaire, possesseur ou fermier, un intérêt pour
la responsabilité, l'entretien, l'amélioration et l'administration de la chose, et cet intérêt est la rémunération du service et de la fonction.

La reprise totale des plus-value par l'État équivaudrait à la négation de la propriété et de la liberté. Ce serait revenir à la propriété communale ou slave, le retour au fermage général ou au colonat, à l'immobilisme, au favoritisme autoritaire et à la corruption. C'est sans doute le rêve du communisme ou du collectivisme modernes, lesquels, ne sachant dompter ou socialiser la liberté, veulent la supprimer.

Toute cette question peut se résumer ainsi : le monopole ou la propriété veulent profiter seuls des plus-value. L'utopie veut tout confisquer au profit de l'État. La liberté et la justice ne sont ni avec l'un ni avec l'autre de ces partis. La Révolution, comme nous venons de le montrer, rend à chacun la part qui lui revient.

FIN.

TABLE DES MATIÈRES

BAR SUR-SEINE. — IMP SAILLARD.

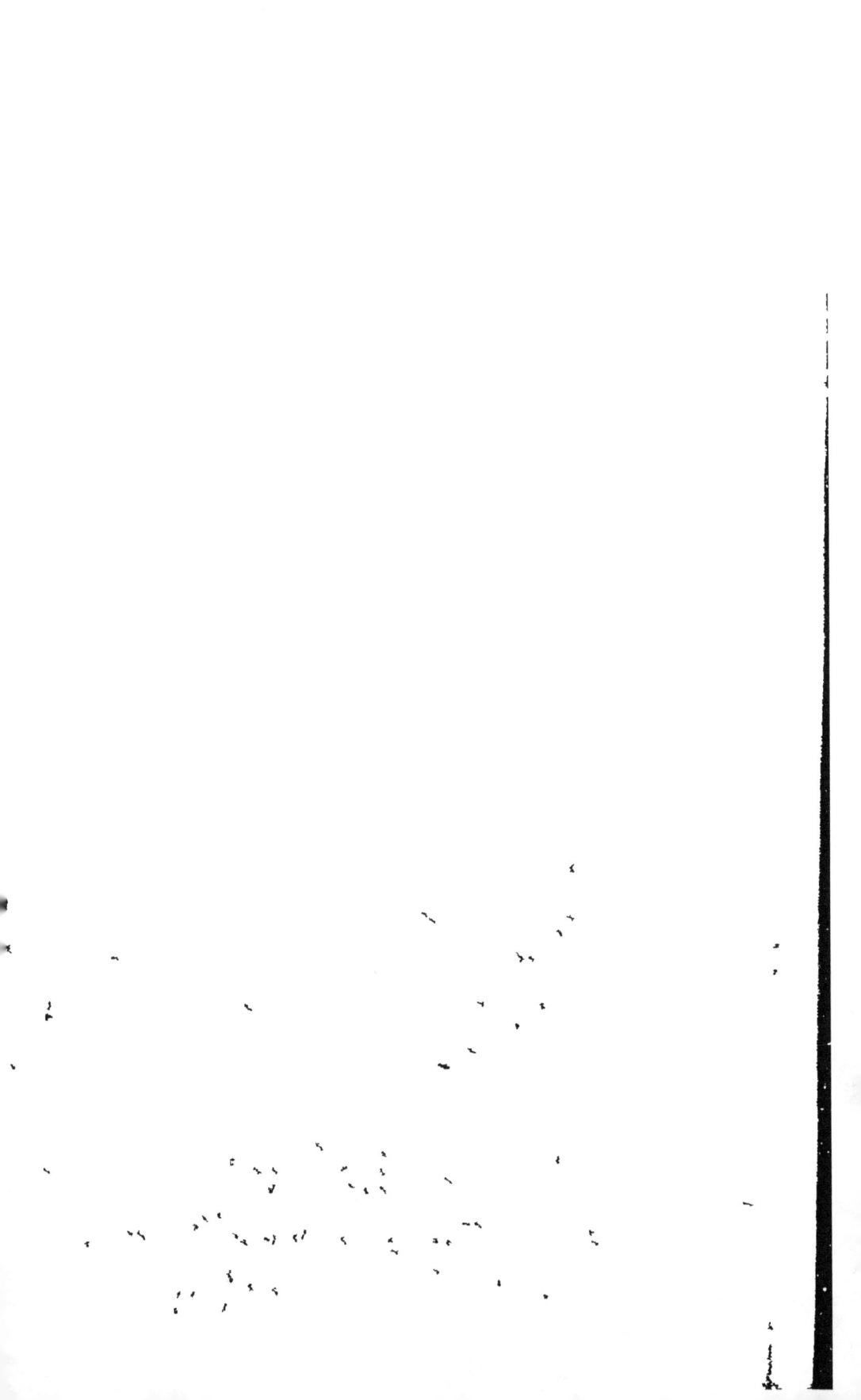

www.ingramcontent.com/pod-product-compliance
Lightning Source LLC
Chambersburg PA
CBHW070757290326
41931CB00011BA/2052